まじめに生きるって損ですか？

雨宮まみ
AMAMIYA Mami

ポット出版

まえがき　愚痴から世界を見てみよう

「女の言う『悩み相談』って、解決法を求めてるわけじゃなくて、ただ共感してほしいだけ」「女の相談に本気で解決策を提示してもキレられるだけだから真剣に考えてやるだけ無駄」。こんな意見をよく聞きます。私はそれを聞くたびにチクチクした違和感にとらわれます。

悩みって、そんなに簡単に解決できるものなんでしょうか。っていうか、簡単に解決する方法があるならとっくに試してるもんじゃないですか？　解決策を提示してキレられるのは、そんなのわかってるけど身動き取れない状況があるからなのでは？

解決は、もちろんできることならしたい。したいけれど……。心の中のことは、いつもそんなにすっきりきっぱり解決できることばかりではありませんよね。もはや悩みなのかどうかすらわからないけど、なんだか自分の中でわだかまっていて消えない気持ちや、処理できない感情なんかもあります。

そういう、もはや「悩み」とも呼べない「愚痴」を、解決は特にせずにただ聞くから思い切り吐き出してほしい、というテーマで２０１４年から「穴の底でお待ちしています」という、ただ愚痴を聞くだけの連載を、ココロニプロロというウェブ媒体で始めました。「王様の耳はロバの耳！」と穴の底に向かって叫ぶように、誰にも言えないことを穴の底で吐き出していってほしい、という気持ちでつけたタイトルでした。

「悩みじゃなくていいし、解決もしない。ただ愚痴を言ってほしい」。そんな募集に集まったのは、そりゃあもう「解決できるもんならしてみろよー！」とぶん投げたくなるようなクオリティの、構造改革などをしない限りは解決不可能なすさまじい状況のものもあれば、本当に「いや悩みとか困ってるとかじゃないんだけど、自分の中でこういう黒い感情が消えないんですよ！」みたいな吐き出したい系のものもあり、連載はすぐさま深夜の場末のスナックみたいな状態に……。

解決なんかしてくれなくていい、ポジティブに励まされることすら今はしんどい、そんな思いを抱えた人が匿名で穴の底に向かって吐き出してくれる言葉は、ものすごく個人的な言葉なのに、突き詰めて考えて書かれた言葉であるほど、どこか普遍性や現代性があると感じることも多く、どんなに自分と状況が違っていても、不思議と「理解できない」と感じるものは、ほとんどありませんでした。

「穴の底〜」の連載では、穴の底に小さなスペースがあり、カウンターがある、というシチュエーションを私は想定しています。そこにやってきた「愚痴を吐く人」に私が飲みものを出すところから始まります。まさにスナック的な感じです。

愚痴に人は、何を言えばいいのでしょうか。解決策を提示する？　共感する？　私はそんなこと、どっちでもいいと思うんです。愚痴をずっしり詰め込んだ人がそれを吐き出すことができれば、吐き出せた時点で、自分でももやもやしてきたものの正体が半分見えてきたりします。こっちに言えることなんて、「はー、こんな大きなものを抱え込んでたら、そりゃあ心が重かったでしょ。お疲れさま」とか、そんなことぐらいです。

でも、現実の世界で、そんなことすら誰にも言ってもらえないこともたくさんあるし、まず愚痴を吐き出せる場所がないこともたくさんあるわけで、おかげさまでこの連載は2016年現在も続いております。

想像以上にバラエティに富み、表現力豊かに愚痴を繰り出してくれる方が多く、毎回その愚痴を読ませていただき、会話するようにお返事を書くのは、私にとっても、未踏の地に赴くような作業で、とても張り合いのある仕事のひとつです。


この本では、多くの愚痴の中から見えてきた共通点を中心に章としてまとめています。自分に近いものもあれば、遠いものもあるかもしれません。けれど、誰かがこのような考え方をしていて、このような愚痴を心に抱え込んでいて、その人は私たちと地続きの世界で生きています。

どうかこの本が、自分を理解する手助けや、他人を理解する手助けになれるようにと、私は考えています。愚痴からしか見えてこない世界もあるのです。

さぁ、では、いざ愚痴の世界へ！

もくじ

第1章　努力してるのに報われないんです

努力ってなんだよ⁉

［おくみ／20代後半］

私は、私の生きたいように生きて、好きなモノ、コト、ヒト、場所を選択して生きています。とても楽しいです。満ち足りています。恋愛以外は。

好きなように生きているのは自己満足です。誰かに肯定してもらうのが目的だっ

たら、もっと違う方法で、媚びたり、受けのいい趣味、服装、雰囲気などを作ればいいのですよね。でもそれはやりたくない。そんなのは自分じゃない。自分じゃないというか、そういう自分でありたくない。誰かのために自分の芯まで変えたくない。

自分が異性に肯定されようと行動しているわけではないから、すべては自己満足のためだから、異性にそれを丸ごと受け止めてくれなんていうのはおこがましいじゃないか。恋愛ができない理由をこういうところに置き換えています。要は、そのままの自分を好きになってほしいけど、そのままの自分など好きになってくれる輩（やから）はいないのだと思っているのです。

「恋愛ができない」と言うと「努力してるの?」と言われ、「出会いがない」と言うと、また「努力してるの?」と言われる。恋愛ってそんなものだったっけ?と思うのです。努力して、出会って、努力して、恋愛して、その先にゴールがあるものなのか?と。それを否定したいというより、そういう不自然なことをしていかないとだめなのか、という絶望です。

正直なところ出会いはあります。いいなと思う人も、気になる人もたくさんいます。気になる人がたくさんいるというか、恋愛に発展したら楽しそうだなと思う人です。でもそれが恋愛に発展しないのは、私に魅力がないから、私の努力が足りないからだと思われてるのだと思います。「努力が足りない」と言う人たちからは。

努力ってなんだよ！？！？

フットサルに行くこととかよ婚活パーティーに行くこととかよ！？！？

行きたくなかったけどそうなのかなって思って婚活パーティーには行ったし、システム通りカップル成立もしたけど全然好みじゃなかったよ！！！！！！！

そもそも本来はそういうところで出会いたくないのに。なんで行ったんだろう。あれは人生経験と思うことにします。でも、やっぱり、努力って何なんだ、と思います。君たちの言う努力ってほんとに努力かよ、運がいいだけだろう。最終的に私は不運であるというのが一番、自分も他人も傷つけない結論になります。でもこういう結論にすると努力した人たちは怒るんですよね。だから、努力って何なんだよ……。

どこまで努力すれば認めてくれるんですかね？

非常にビビッドで、ひとことでは説明しづらい感情をぶつけてくださってありがとうございます。まず、本題とは関係ないですが、おくみさん、文章がお上手ですね。普通、こういう微妙な心の機微って、うまく言葉にできないものなんですよ。非常にスムーズに読めて心にスッと入ってくる、こんな文章はなかなか書けません。

で、肝心の内容についてなんですけど、黙ってグラスに強い酒を注ぎながら、「まぁ、一杯飲んなよ……あたしも飲るからさ」と言いたくなるくらい、私にも身に覚えのある感情でした。

おくみさんは20代後半とのことですが、私は30代後半で、このトシで「結婚したい」とでも言おうものなら、「何してんの？」（訳：結婚するためにどういう努力をしているのか）という返事がデフォルトです。そういう独身生活でおくみさんと同じように心の叫びが溢れすぎて、結婚したいという内容の本まで出したんですが（『ずっと独身でいるつもり？』という本です）、本を出したら「婚活パーティーとかいくつぐらい行ったんですか〜？」と訊かれ、行ってないと言うと「？」（じゃあ結婚できなくて当たり前じゃん？　この人なに？）という顔をされるという仕打ちを受けてきました。

お見合いもやったし、人と出会うために人見知りを振り切って人の集まる場所に顔を出したりもしました。でも、自分の中では勇気を振り絞り、いやな思いをしてまでいろんなことをやっても「努力してるの？」「それは努力が足りない」と言われ続けていると、心が折れてくるんですよね。「彼氏ができた」「結婚した」という結果が出せなければ、それは「努力の不足」と言われるつらさ、よくわかります。

「君たちのいう努力ってほんとに努力かよ、運がいいだけだろう」。この心の叫びが本当に身に沁みますね。「たまたま1回、うまくいって付き合えてるだけじゃねーか！」という心の声をそっとバックコーラスで入れたくなります。

結果しか見ない人のために努力なんかしなくていい

でも、おくみさんはここまでハッキリ「好きなことを選択して生きていて楽しい。満ち足りています。恋愛以外は」と書かれていて、「努力って何なんだよー！」と叫びながら、そして「努力しなきゃ恋愛できないのか？」と絶望しながら、ちゃんと婚活パーティーとか行ったりされているんですよね。「自分はこう思う」という信念はあるけれど、頑固ではないし、「人がそう言うのなら、やってみたらいいのかもしれない」と主義を曲げてみる柔軟性もある方なのだとお見受けします。してるじゃないですか、努力。誰が認めてくれなくても私は認めますよ、おくみさんは努力したって！

ただ、私がお見合いに向いていなかったように、おくみさんも婚活パーティーには向いていなかっただけだと思います。で、向いているとこに行って、自分に向いている人に会えば、話しかけて連絡先を聞く努力ぐらいでスルーッとうまくいったりするんだと思います。ほんと、その程度のことで付き合えた人、そんな小さい努力を自慢しないでほしいですよね！

「異性に受け入れられるために生きてない。だから異性にそんな自分を丸ごと受け止めてくれなんておこがましい」。私は、おくみさんは、努力が足りないとかではなくて、単に謙虚すぎるんだと思います。別に異性受けするようなファッションや言動をしていなくても、カップル成立してる人っているじゃないですか。たぶんそこ、あまり関係ないんですよ。そして、みんな、丸ごと受け入れるのは難しくて、「いやなところもあるけど、でも好き」みたいな感じで恋愛をしているんだと思うんです。だから、おこがましいなんて、そんなに思わなくていいと思うんですよ。

私の周りでは、最近友人がわりとたて続けに結婚しましたが、みんな「ずっとモテたことなんてなかったから、結婚するなんて思わなかった」「恋愛は全然うまくいかなかったし、半分諦めてた」と言っています。男受けしようともしなかったし、自分の芯を曲げることもしなかった彼女たちに魅力を感じて、プロポーズをした男性がいたということです。

「努力すれば恋愛や結婚ができるかもしれない」ということも、「自分が楽しんで生きていれば、そこに魅力を感じてくれる人があらわれるかもしれない」ということも、どちらも同じように不確かなことですが、どっちを信じるかと言われれば、私は後者を信じたいです。

おくみさんも、努力派閥に負けずに、めんどくさい日常を頑張ってやりすごしながら、好きなことをやって楽しんでくださいね。

前向きなシングルマザー

［みぃみ／30代前半］

私はバツイチのシングルマザーです。前の旦那のことを思い出すとき、いいことばかり思い出します。悪いことが重なったから離婚したのに。春先の匂いを嗅ぐと、付き合いたてのデートを思い出したりします。

子どもを第一に生活していて、恋愛は封印しています。自信もないし。昔は副業

で六本木のホステスをしていて、見た目は悪くないはずなのに、男性に対しての自信はなくなりました。前の旦那は、離婚して、不倫相手やハタチの子と付き合っているのでしょう。私だけすべて失った気持ちでいます。

子どもがいるから、友達には愚痴れません。前向きなシングルマザーでいなければならない、と思い、惨めな本音は言えません。誰かに話したいし、誰かの肩や胸で泣きたい。

ケガ人がいきなり全力疾走するみたいな無理な「前向き」はやめてもいいのでは？

まず、お子さんもいらしてお忙しい中、愚痴を吐き出してくださり、どうもありがとうございます。たまには人が淹れた、洗い物の心配をしなくてもいいお茶でも飲んで、一息ついてくださいね。

世の中って、いつの間にこんなに「前向きで明るい人こそ正義」という雰囲気になってしまったんでしょうね。少しでも愚痴を言おうものなら「被害者意識が強い！」と非難されそうで、何も言えなくなってしまいます。

みいみさんは「前向きなシングルマザーでいなければいけない」と思ってらっしゃるそうですが、私も「充実した独身でいなければいけない」と思っています。仕事以外に打ち込む趣味もないこと、活動している時間の80％はだらしない部屋着でいること、ときどき虚しくて寂しくて泣いてしまうこと……。なかなか人に言うことができません。

でも、よく考えてみると、「言えない」というよりは「言いたくない」のです。言っても受け入れてくれると思うのですが、自分が惨めな独身女だということを人に知られたくない、という気持ちが強いです。なにか、そのことが「独身女」という大きなくくりのイメージを悪くしてしまう気がするし、自分よりも若い「独身女」の希望を奪ってしまうような気さえするのです。

みいみさんも、もしかしたら、前の旦那さんのことを考えてしまう自分、子どもがいるのに「すべて失った気持ちになっている」自分のことを、「言えない」というよりは、「人には知られたくない」という気持ちがあるのではないでしょうか。「前向きで明るいシングルマザーでいなければ」と思っておられるなら、それは絶対に人には言えない言葉になっていると思います。他のシングルマザーのためにも。

前向きで明るい人はどこに？

でも、「前向きで明るい人」って、そんなにたくさんいるんでしょうか。みんなが前向きで明るく生きていたら、満員電車の中はあんなに殺気立った雰囲気にならないでしょうし、Ｓｕｉｃａの残高が足りずにゲートがピコーン！と閉まっただけで舌打ちされたりしませんよね。ゲートが閉まっても、両手を広げてアメリカ人のように「Ｏｈ～！」ってリアクションして、後ろに並んでた人も「ドンマイ！」ってハイタッチしてくるぐらいの、感じのいい社会になってるはずです。現実がギスギスしているからこそ、みんな前向きで明るい人の姿を見たいし、そういう人に憧れるんじゃないかな、と私は思っています。

また、お子さんがいらっしゃると、悩みを話したときに、「でも、子どももいるし幸せじゃん！」みたいな、「愚痴封じ」の手を使われてしまうこともあるかと思います。それを言われると何にも言えなくなっちゃうマジックワード。「離婚してつらい」には「あんなダメ男と別れられてよかったと思いなよ！」、「仕事が忙しくてつらい」には「仕事がなくて困ってる人もいるんだから、忙しいのはいいことじゃん！」、「育児が大変でつらい」には「子どもが欲しくてもできない人もいるんだよ！」、「独身で先行き不安」には「自由な時間いっぱいあってうらやましいよ〜。好きに生きられるのなんて今だけだよ！」……。

そういう単純な励ましが有効なときもありますが、「どんなダメ男でも、家から一人いなくなったっていう欠落がつらいときってあるんだよ！」とか、「仕事あるのはありがたいけど、やればやるほど自分の力の足りなさを感じてつらいこともあるんだよ！」とか、ディテールの面で納得がいかないことも多々ありますよね。

個人のつらさは他人と比べられない

私は自分のつらさを話したときに、「地球上には飢餓に苦しんでいる人もいるのに、君の悩みなんか贅沢な悩みだ！」と説教されたことがありますが、自分よりつらい例を見て「自分なんてまだまだ幸せなんだ！」と、「下を見て安心する」みたいな思考が健全だとは今でも絶対に思えません。「今の生活のありがたみを噛み締めろ」ってことかもしれませんが、もちろん噛み締めてますし、それでもつらいことはある。そもそも「もっと幸せになりたい」と思うことの何がいけないんでしょうか。人の悩みやつらさを「贅沢な悩み」だと斬って捨てたい勢が、世の中にはたくさんいるんだなぁ、とよく思います。「自分のほうがもっと苦しんでいる！」と言いたい勢も。

苦しみや悲しみって、そんなに簡単に他人に「わかる」ものじゃないです。つらい気持ちっていうのは、すごく個人的で、その細部は自分にしかわからなかったり、自分にすらわからなかったりするものです。

わからないうえで言いますが、離婚ってすごくつらいことですよね。自分をすごく苦しめた相手が、今ものうのうとどこかで生きていて、もしかしたら別の女と付き合って幸せ絶頂かもしれないなんて、ものすごい恐怖ですよね。

私は、みいみさんが苦しいのは当たり前だと思います。前向きなシングルマザーに、無理してならなくていい、と思います。見た目だけそれなりにしていれば、「前向きなシングルマザー」って思われますから、見た目だけそれなりにして、どこかで一人で泣いていてもいいと思います。治療にすごく時間のかかる深い傷を負ったようなものだと思って、無理して治ったふりをしないでください。こっそりギプスを巻いたり、湿布を貼ったりしてください。少なくとも自分に対しては。

今は恋愛にも自信がなくて封印しているとのことですが、「不倫相手」と書かれているからには、前の旦那さんは不倫されていたのですよね。そんなの自信なくして当たり前じゃないですか。浮気されて、二股かけられて、傷つきもせず自信もなくさない人なんていないですよ。

私はそういうとき、枕を抱きしめてふとんかぶって泣きます。できれば誰かの肩や胸で泣きたいから、15分3千円ぐらいでそうやって泣ける店があったら行くのに、とよく思います。つらさの真っ最中で、電車の中で泣きそうなときはサングラスをかけますし、トイレの個室に駆け込んで泣いたこともあります。

でも、前向きに生きたいといつも思っています。周りを明るくできるような人になれたらいい、と思います。自分がつらいことと、前向きに生きたいことって、矛になりたい。だから、どっちの気持ちも否定しなくていいんじゃないでしょうか。

「すべて失った気持ちになる」とのことですが、みいみさんはさまざまなことを経験されています。今、このように苦しんでおられることも含めて、みいみさんは感受性も、人生経験も豊かな方なのだと感じます。私はみいみさんよりも少しだけ長生きしているので、先輩ヅラして言いますけど、この苦しみを乗り越えられるときは必ずきます。今は想像もできないでしょうが、「苦しみを乗り越えた」ことは、何よりも確かな自信になります。それは自分が前向きに生きた証だからです。「前向き」って、ネガティブな感情にフタをして無視することじゃなく、ネガティブな感情を消化したあとの姿だと思うんです。

いろんな苦しみと戦いながら前向きに生きようと努力しているみいみさんのことを、私は今も十分素敵だと思いますし、この先、みいみさんが本当に心から「前向き」になれたとき、それはものすごく大きな、周りを包み込むくらいのパワーのある「前向き」な姿になるんじゃないかと思うのです。

「褒め屋」を検索した私

［七映／30代前半］

32歳の女です。誰かに褒められたいです。

5年前に結婚した相手は9歳年上のおおらかな人で、家が汚くても趣味の宝塚に通い詰めても許してくれる上に娘の面倒も文句言わずに見てくれます。保育園にも

毎日送って行ってくれます。娘は3歳で、内弁慶なところはありますが、歌と踊りが大好きで、よく可愛いと褒めてもらえます。

仕事は新卒で入社した会社に恵まれ、サービス業ですが保育園に合わせて土日休みの部署に異動させてもらったり、時短勤務もすることができて、とてもありがたいと思っています。近居の義母は理解のある人で、主人の都合がつかないときには快く娘を預かってくれます。正社員で仕事しながら子育てもして、趣味にも時間を使えて、とても恵まれていると思います。

でも、そんな優しい主人は2年前に慢性腎不全となり、自宅と職場で透析をしながら仕事をしています。タンパク質とリンと塩分、水分の食事制限もあります。一方、娘は半年前に顔に湿疹ができ、皮膚科で卵と牛乳のアレルギーと言われました。現在、除去食です。

つまり、わたしは毎日、タンパク質とリンと塩分と水分と卵と牛乳が使えない中食事を作っています。はっきり言ってときどき気が狂いそうになります。家族や仕事に恵まれて、しかもありがとうと定期的に言ってくれる主人だし、仕事を言い訳に家事も手抜きで子育てもＤＶＤ頼り、ついつい夜更かしもさせてしまいダメダメなのでこんなことを言うのもおこがましいのですが、ときどき猛烈に誰かに褒めてもらいたい衝動にかられます。

「褒め屋」と検索したこともあります。利害関係のない誰かに褒めてもらいたい！でも掃除もルンバ、洗濯も全自動でそんなに頑張っているわけでもないし、趣味にも時間とお金を使いまくっているので、褒められたものでもないとわかってはいるのです。

ワッショイ！ ワッショイ！
えらいえらいえらいえらい！！！！

よくぞ来てくださいました。まずご自宅にはないであろう牛乳をあっためてホットミルクにしてさしあげましょう。DEAN&DELUCAで仕入れてきたひと瓶

１５００円のたっかいハチミツも好きなだけ入れていいですよ。よーく混ぜて溶かしてくださいね。

七映さん、あなた……（タメ）……偉いですねぇ……！　ほんっとーに偉い！　毎日、よく頑張られてますね。

正直、自分の食事すらきちんと作っていないような私の立場から見れば、本当に七映さんは偉いと思うんです。でも「私より偉い」という褒め方をするのは、今はやめたい。七映さんご自身が「自分より大変な人なんていっぱいいるから、自分が愚痴を言うなんていけない」「私なんてラクしてるほう」だと強く思ってらっしゃるふしがあるからです。

そりゃあ七映さんより大変な人っていっぱいいます。七映さんよりラクな人もいっぱいいるでしょう。でも、じゃあ、誰が愚痴を言う資格があるんでしょう？　どこまで苦しめば弱音を吐いていいんでしょう。どこまで頑張れば「偉い」と褒めてもらえるんでしょうか。

結婚して、優しい旦那さん、かわいい娘さん、理解のあるお義母(かあ)さんに恵まれ、今なかなか就くことの難しい正社員勤務をされていて、趣味も持てるし、いい電化製品も買えている。この状況をどこかで話せば「あなたなんて恵まれてるじゃない！」という反応が返ってくるのは私でも簡単に予想できます。

自分が「苦しい」と思っていることを、他人に「あなたなんてましなほう」「恵まれてるほう」と言われ、口を塞（ふさ）がれる仕組みは、誰のことも幸せにしないと私は思います。そこで口を塞がれて、吐き出さず飲み込んだ気持ちはどこにいくのでしょう？

私が救われた「たった一言」

「それくらいのこと、誰だって我慢してる」「みんなやってる」。誰に言われなくても、それらの言葉を自分に向け、黙り込んでしまうことが私にもあります。

私は好きなことを仕事にしています。ライターの仕事というのは、外から見るよりもずっと地味で儲けの少ない仕事ですが、会社に行かなくていいですし、私にはそれがとてもありがたいです。努力すべき点、実力の足りない点もまだまだたくさんありますし、それをやってもいないうちに愚痴を言うなんてとんでもない、自分より才能のある人がさらに努力もしている世界でそんな、と思うと、とても「苦しい」「もういやだ」なんて言えない気持ちになるのです。「もういやだ」という言葉を吐き出すことで、本当になにもかもがいやになる事態を避けられることもあるのに、です。

言わないでいれば、苦しい気持ちが消えてなくなるわけでもないんですよね。私は、ライターになって7年経った頃に一度だけ、身近な人に「本当によく頑張っている」と言われ、ボロボロ泣いてしまったことがあります。そのとき、7年分の悔しさやつらさ、苦しみが全部スーッと成仏していくような感覚がありました。あんなに悔しかったのに、あんなに苦しかったのに、たったこれだけのことで、「本当によく頑張ってきたね」の一言で、救われてしまうのかと驚きました。

偉い、偉い、頑張ってる、十分頑張ってる、たったそれだけ褒めるだけで喜んでもらえるなら、七映さんの気が楽になるのなら、もうワーッショイ！　ワーッショイ！ってみこしに乗せて担ぎながら褒めまくってあげたいですよ。だって、どう考えたって頑張ってるでしょう。すごいですよ！　私が言って効果があるならいくらでも言いたいです。

でも、本当なら、誰か七映さんの頑張りを知っている人が言ってくれたら、私がワーッショイ!とかしなくてもいいのに、とも思うんです。「利害関係のない人に褒めてほしい」という七映さんの言葉は、旦那さんやお子さんに褒めてもらうことで「いつもすまないねぇ」的なニュアンスの負担を強いたくない、今つらいということを知られたくない、という優しさであり、愛情なのではないか、と思います。

七映さんのお話を読んでいて、思い浮かんだことがあります。それはうちの母のことです。私は初孫で、両親は父の実家の、農家の本家に同居。そして私は、母乳を決して飲まない子どもだったそうです。ミルクはどんどん飲んだそうで、こうしてデカデカと育ちましたが、そのときの苦労を母が笑って話すことがあります。

昔は「そうだったのか〜」程度に思っていましたが、古い考えが根強い農家で、初孫、そして母にとって初めての子が母乳を飲まないというのは、どんなに不安で風当たりの強いことだったかと思うのです。母乳を飲まない。はたから見れば「たったそれだけのこと」でしょう。けれど、たぶんそれは「たったそれだけのこと」なんかではなかった。

そうした苦労を笑って話せるというのは、どんな気持ちなのでしょうか。

私は、そこまでの深い愛情を、自分が果たして、誰かに持てるものだろうかと思います。

私は七映さんのような経験をしたことがありません。ですから、七映さんの気持ちがわかる、とは言えません。けれど、七映さんの苦しさが、愛情ゆえのものだというのは想像できます。七映さんの苦しみは無駄なものではないし、決して軽んじていいような苦しさではない。自分の作る食事に家族の健康がかかっているというのは、どれほどのことか。私には想像もつきません。

人と同じだけ苦しむのは正しい？

苦しいときでも、自分が何を求めているのか冷静に考えて、「褒め屋」で検索できるくらいものごとをわかっておられる七映さんの理性は素晴らしいと思います。こんなネットの片隅で、ゆきずりのような間柄の私ではありますが、七映さん、手抜きだなんて言わなくていいんですよ。ダメダメだなんて言わなくていいです。そんなこと、言わなくていい。手が抜けるところなんか抜けばいい。みんなが等しく頑張り、等しく苦しむことなんかないんです。できることの量も、力も、命の長さも、人は自分で決められないでしょう。だから、同じだけ苦しむことが正しいわけじゃない。もっと苦しい人がいるから、自分の苦しみなんて軽いものだと考えることは、間違ってます。自分が苦しいと感じたら、それは「苦しい」っていうことでいいんです。

そして、愛情溢れる家族に囲まれている七映さんですから、お子さんや旦那さん、お義母さんに感謝の言葉を言ったついでに褒めたりして、冗談でもいいから「私も褒めて～！」と言ってみられてはいかがでしょうか。宝塚がお好きだそうですから、理想の褒めの入った長台詞を「誕生日に言って！」とお願いするとか、こっぱずかしいことをやってみるのも、けっこうスッキリするかもしれないと思います。

最近、アメリカの『モデルズ・オブ・ランウェイ』というドキュメント番組を観ていたら、合宿中のファッションモデルの一人が「孤独だよ～！　誰かハグして！」と言って、普通に抱きしめてもらっていました。恥ずかしいですけど、私も高校生のとき、試験の朝に怖くてたまらず、母に頼んで抱きしめてもらったことがありました。そうしたら絶賛思春期中の弟（同じくテスト中）もついでに母に抱きしめてもらっていたのです。すごく幸せな記憶です。

普通にハグとかされているかもしれませんが、もしされていなかったら、ドラマとかにかこつけてノリでやってみられてはいかがでしょう。私のような褒めベタの人間がワーッショイ!とかやるよりも、それは、ずっと効き目があるように思えます。

誰よりも完璧な妻なのに愛されない

［兼業A子／30代後半］

私は共働き兼業主婦で、子どもは3歳です。同い年の夫の年収は私と同じくらいで、家計は家のローン、頭金にいたるまでかっきり半分ですが、家事の95%は私がしています。掃除はカンペキですし、ご飯も作ります。

アラフォーですが、ルックスもそんなには劣化していません。少しは太りましたが、美容体重↓標準体重になった程度です。が、夫に愛されていなくて、感謝もされません。むしろ亭主関白っぽく、いつもいばっています。私は夫に対して束縛もまったくせず、平日に夫が飲みに行くのも全部許可しています。

また、セックスレスで、たまに私から誘ってする感じです。そもそも、夫からの熱烈アプローチで付き合い、結婚したのに……。セックスレスなので子宝にも恵まれず、あっというまに30代後半になり、不妊治療して子どもを授かりました。不妊治療や出産のお金もすべて自分で出しました。国産車1台くらいは買える金額です。現在は、仕事、不妊治療（2人目希望）、家事&育児を担っています。

不妊治療は、ハードなドーピングをしていて（自分でお尻に注射等）、さらに頻回、病院に行かなければなりません。けれど、夫の理解はまったくありませんので、治療の話はほとんどしません。会社の愚痴も言うな、と言われているので会社の話もしませんし、家事&育児については「言うのが疲れる」から自分でやっています。

「もしかして、彼は浮気しているのでは？」と思われるかもしれませんが、携帯等をチェックしても夫は浮気をしているふしはありません。

世の中には、専業主婦で、太っていて、ルックスも劣化していて、家事もそんなに頑張っていなくて、家が散らかったりしていても、愛されている人がたくさんいます。実際、何人も見ました。

「うちの嫁さん、怖くてさ〜。小遣い3万だよ〜。ご飯も作ってくれなくて〜。平日飲みに行くのも禁止だよ〜。休みの日は育児してるよ〜。嫁さんに自由時間あげなきゃ〜」とか、私から言わせたら、ヒドイ扱いを受けている旦那さんのほうが奥さん（特に美人でもない）を大切にしている気がします。給料も丸々預けていたりします。

なぜなんでしょう？　私はどんな努力をすればいいんでしょうか？　最近、もう頑張れない自分の限界を感じています。

弱ったときにだけ、見えてくる世界があります

すっごい丁寧に紅茶いれましょうね。ポットもカップも温めて、茶葉もきっちりはかったやつ。ダージリンのファーストフラッシュ、お出ししましょう。妊活中だとカフェインってよくないのかな？　まぁでも、香りだけでも。なんの味もしないようなとき、お茶っていうのは湯気と香りに大きな価値があるんです。飲めなくても、湯気と香りでちょっと心をゆるめてくださいね。

このコーナーは、あくまで愚痴をお聞きするというコーナーですが、もしもここが悩み相談のコーナーだったら、アドバイスできるのは「離婚」「徹底的な話し合い」という、どちらを選んでも血で血を洗うような答えしかありません。

けど、兼業A子さんはおそらくそのどちらも望んでらっしゃらないでしょう。後

半で登場する「愚痴を言いつつ献身的な旦那さんも世の中にはいるし、自分のような努力をしていなくても愛される奥さんはいる」という文章から察するに、「自分は正しいことをしていて、そのうえ、自分が折れてなんとかなるところは全部折れて夫に尽くしているのに、なぜ愛されている実感が得られないのか」というのが、お悩みの本質であると思います。

今の世の中では、正論というのはとにかく大事にされます。ツイッターなんかを見ていると、正論大喜利(おおぎり)みたいな状態ですよね。私は5年ほど前に、ネットウォッチしかしていないような時期がありましたが、2ちゃんねるの家庭板のまとめスレなどを見ていると、そこは「無責任に人の悪口ばかり書く2ちゃんねる」という印象とはまったく違っていて、「正論を言っている側の人間が報われるべきだ」という、勧善懲悪の物語に溢れていて驚きました。

最初は私もそういう話を読んでスッキリしていました。正しいのに報われない人がちゃんと報われる物語。でも、そういうものが人気を得るということ、そういう「正しい話」が、そうした場でなされているということは、もしかしたらそれは「現実ではそうじゃない」ことの裏返しなのではないか、とふと思ったのを覚えています。

「正しさ」や「公平さ」は尊重されるべきものだと思います。けれど、愛情というのはそもそも、とても不公平で理不尽なものです。なんの非もない相手に求愛されても、応えられないことなんてザラにあります。自分が尽くしても尽くしても愛されないこともあります。

兼業A子さんの詳細なご説明から伝わってくるのは、「自分には非はない。精一杯やってる。なのに、なぜ!?」という悲鳴のような気持ちです。個人的には、奥さんが不妊治療をして二人の間の子どもを作るのに、興味も示さない旦那さんというのは、いったいどういうものなんだろう……と思うのですが、それ以上に、旦那さんにとって、そもそもこの家庭生活は楽しいのかな?というのも疑問に思うのです。旦那さんにとっては、もしかして「自分は積極的に欲しいわけじゃない子どもを、そんなに無理して作る必要があるの?」という感じなのでしょうか。

兼業A子さんが見ている現実は「自分のように努力してなくても愛されてる奥さんがいる」であるけれど、同じように、旦那さんが見ている現実は「生活費を入れるだけで他のことはなんでもやってくれて、旦那を立ててくれる奥さんがいる」というものである可能性もあると思います。「2人目産みたいっていうから、許可してやってる」ぐらいの感覚なんでしょうか……。

正しいから愛されるわけじゃない

どっちが正しいか、という問題ではないですし、正しいから、これだけしているのだから、評価してくれ、自分を愛してくれ、という理屈は、残念ながら通らないのです。いや、評価だけなら私がします。間違いなく兼業A子さんは頑張っています。一人の人間が毎日、これだけできるなんてすごいことです。

でも、疲れ切っている兼業A子さんが求めているものは、自分の正しさが証明されることなのでしょうか？　私には、兼業A子さんが求めているものはそんなことよりも、愛情や理解を得て心が満たされることなのではないかと思います。

そして、兼業A子さんがここまでしていても、旦那さんもまた、心が満たされるような生活を送っているとは思えないのです。楽だとは思うけれど、心が通い合っていないような夫婦生活が、居心地いいんですかね……？　もしかしたらそういうのが居心地がよくて、気楽な人なのかもしれません。気を使う必要なんてないし、家ですべきこともないんですから、旦那さんにとっては、幸せというか、不満のない生活なのかもしれません。

生活を続けていく限り、旦那さんがなんらかのきっかけで考えを変える可能性や、兼業A子さんに心から感謝する可能性もありますが、その日を待つ間に兼業A子さんの心が壊れてしまうのが、私は心配です。また、待っていても必ず変わるとも思えないですし、「待つ」というのは結局、「他人に期待する」という賭けになってしまいます。

「あなたに好かれたくてここまで頑張ってきた。でも、もう無理かもしれない」と正直に言ってほしいと思いますが、そんなに心を無防備にした状態で、もし亭主関白なきつい発言をされたらと思うと、それも心配で、積極的に勧めることができません。

「うちの嫁さん、怖くてさ〜。小遣い3万だよ〜。ごはんも作ってくれなくて〜。平日飲みに行くのも禁止だよ〜。休みの日は育児してるよ〜。嫁さんに自由時間あげなきゃ〜」というのは、愚痴の体裁ですが、のろけです。奥さんのほうが育児をやっているという自覚があるから「自由時間あげなきゃ」という言葉が出てくるのでしょう。自分も自由時間をもらっている、とも思っているのでしょう。感謝があるから思いやりが持てるわけで、うまくいっている夫婦の話です。

正しくなくても愛される資格はある

まず、誰よりも正しい奥さんであろうとするのをやめるのはどうでしょうか。今していることのうち、もうできないと思うことがあれば、休んだりやめたり手を抜いたりしてもいいと思います。積み上げたものを手放すようで気が進まないでしょうけど、兼業A子さんがなんでもできる超人ではないのだということを、旦那さんには知っておいてもらったほうがいいと思うのです。

自分が弱ったときにだけ、見えてくる世界があります。ずっと正しく、強い人には見えてこない世界です。それを少し、見てみてください。正直、夫婦関係については、私はうまく言うことができません。長い年月を経て、憎み合っているとばかり思っていた夫婦が案外そうでもなかったり、愚痴ばかり言っていた夫婦がすごく強く結びついていたりする例も多いので、判断がとても難しいんです。年月を一緒に過ごしていく、ということには、何か愛情とかを超えた大事なものがあるのかもしれない、と感じていますが、自分では経験したことがないので、なんとも言いようがないのです。

「正しくないのに愛されている」ということを不思議に思ってらっしゃるのなら、今こそ、兼業A子さんがこれまで強く信じてこられた「正しさ」や「努力」について考える機会なのだと思います。それを評価してくれる友人や家族に意見を聞くべきなのかもしれませんし、その努力が自己満足なのかどうかを考えるべきなのかもしれません。「弱さ」や「正しくなさ」についても、考えるときなのかもしれません。

「弱さ」や「正しくなさ」を受け入れて共有できる関係も、いいものではないでしょうか。ひとつの可能性として、そうしたことを少しだけ考えてみてください。「正しいから必ずしも愛されるわけではない」は、裏返せば「正しくなくても、弱くても、愛される資格はある」と同義です。兼業A子さんは、正しくなくても愛されていいし、兼業A子さんは旦那さんを、正しくなくても愛していいのです。

兼業A子さんは、旦那さんを愛し、愛されることを求めている。正しさより何より、大事なところはそこです。もしも、話し合える機会があるのなら、そこを絶対に伝えてください。

column
やってらんない世の中で

「努力」すればなんでもうまくいくなんて嘘、だけど。

「努力」という言葉は、昔よりもよく使われているなぁ、と感じます。特に、人や自分を責める際に。うまくいかなかったことに対し「努力が足りなかった」と言われたら、誰もが納得してしまいそうです。

私は、努力という言葉が、子どもの頃からずっと嫌いです。村上龍氏が、小説を書くために「訓練はしたが、努力はしていない」というような発言をしているのを読んだときには、「そうだ！」と大きな味方を得たような気持ちになりました。

努力って、得体が知れないんです。何時間、どんな作業をすればそれは「努力」になるのか。効果がなければその「努力」は「無駄」になるのかもしれないのに、そんなギャンブルみたいな努力に全身全霊を賭けろと言われても……。という感じが、私はしてしまいます。

なんでもかんでも「努力」という言葉で言い過ぎなんじゃないでしょうか。

努力じゃないことで解決することもあるはずです。例えば「工夫」とか「譲歩」とか「交渉」とか「アイデア」とか。ちょっとした偶然や幸運で解決できること、叶ってしまうことだってあるのに、努力でなんでも叶うみたいに言うのもおかしいし、何かがうまくいかない人に対して努力が足りないと責めるのもおかしいと思います。

例えば、私は自分がなぜ今のような不安定な仕事を15年も続けてこれたのだろうと考えることがあります。外的な要因を抜きにして、自分のしたことで効果があったことといえば、「工夫」「アイデア」、そして「ただ書くこと」でした。実際にどういうことかというと、書きたいテーマがある場合、いきなり企画書を出しても内容は伝わりにくいので、まず勝手に書いてしまう。それをブログにアップする。そうすれば今の私がどのようなものを書きたいのか、読む人はわかってくれる。そのうえで、「うちで書いてほしい」と言ってくれる人が現れれば、私の仕事は成立します。実質的には「営業」に近い作業ですが、企画書を持って出版社各社を回るより、ずっと効果があります。

武器になるのは文章だけ。それを、どう使って仕事をもらってくるか。企画書なんか書くことには滅多に使いません。

これは「努力」でしょうか？　これをやっているときの私の気分は、努力という言葉から連想されるような、地道にしっかりと何かを積み上げていくような気分とは、まったく違います。

新しい世界を見せてやる、これまでとは違う自分を見せてやる、びっくりさせてやる、心を動かさせてやる。そういうすごい欲だけで書いています。わくわくするし、いつも少し怖いです。努力という言葉より、冒険という言葉がぴったりきます。

「やりたいことをやってるだけ。努力なんかしていない」と言う人がいたら、その人にとって、努力よりも効果があり、自分も楽しめる方法があるのでしょう。それが「やりたいこと」になっていて、結果として努力よりも大きなものを生み出しているということだと私は理解しています。

すごく頑張ったのに、うまくいかなかったな、ということはもちろん私にもあります。いっぱいあります。そういうときに最初に「努力が足りなかった」じゃなくて、「やり方がまずかったかなぁ」と考えてみるのはどうでしょうか。苦い失敗を振り返るのはつらいですが、「努力が足りなかった」なんてぼんやりした言葉で通り過ぎてしまうより、どこがまずかったか掘り起こして検証したほうが、ずっとたくさん得られるものがあります。「もしかしたらこれかもしれない、いや、こっちが悪かったのかも」と、その場ではっきり答えが出ない場合もあります。でも、必ずいつか、そのやり方の何がまずかったのか、わかる日がきます。そして、わかれば、修復ができることもあるし、次にチャンスがきたときに、もっとうまくやれることもあります。

努力が足りないことよりも、努力という言葉でごまかされる何かのほうを、おそれたほうがいいのではないか、と思うのです。

第2章　恋愛したいのに、なぜできないんでしょう？

小沢健二似の美しい元彼

［借りてきたね子／20代前半］

雨宮さんこんばんは。大学生の女です。
昨年の秋、２年間付き合っていた男性と別れました。その相手は、顔は小沢健二

に似ていて、背は高くないけれど細身で、清潔な身なりをしていて、髪の毛がきれいな黒でまっすぐでさらさらでつやつやしていて、私を撫でるときの繊細な手つきや、笑ったときの口元の皺が好きでした。でもそれ以外のところはあまり好きではなかったです。普段は優しいですがときどきヒステリーを起こすし、怒らせるととても面倒で、常に自分が絶対正しいと思っていて、手を上げられたことは一度もないですが、言葉の暴力を何度も受けました。

私自身は、「モラハラを受けている」という自覚はなくて、2年間付き合い続けました。交際を始めて最初のあたりで私が、彼の言動に追いつめられ精神的に不安定になり、もう無理だと思って別れを切り出したときに、「どうしてそうやって僕を簡単に棄てるの？」と言われ、自分の都合でこの人を手放すことは絶対に許されないのだ、と思い知りました。そのあと、自分から別れたいと言ったことは一度もありません。

相手からは半年おきくらいに「もう付き合っていけない」と言われ、そのたびに1週間程度絶縁（メールも電話もしない）をし、「やっぱり君のことが好きだから別れたくない」と言われ、私も素直にそれを受け入れ、仲直りのセックスをし、何事もなかったかのように復縁を繰り返しました。

　別れるたびに私は深く落ち込んでなにも手につかなくなり、友達や家族にとても心配をかけ、その過程で心療内科に通って安定剤を飲むようになりました。

　激しい喧嘩をし、でも仲直りして、セックスして、それでお互いをもっと理解できるようになって愛が深まるとか、そういうことではなかったです。むしろ、復縁するたびに絶望しか持てなくなったし、だんだん「この人を怒らせたらどうしよう」とびくびく怯えて、言動にとても気を遣うようになりました。うまく笑えなくなりました。自分の顔はいつの間にか、暗くて影のある、別人のようになっていきました。それを人は「大人になったね、落ち着いたね」と言ってくれたりもしましたが、こんな風になるなら、ずっと子どものままでいたかった。

　彼の、美しい部分がとても好きでした。見た目のことだけでなく、繊細で壊れそうだけれどぎりぎりのところでなんとか自分を保っている、そんな姿が好きだったのです。裏の部分は私だけにしか見せていないものだと思ったし、それを見せてもらえることが幸福でした。

　私ははっきり言って不器量で、性格もおどおどしていて気が利かなくて暗いので、女性にも男性にもあまり好かれません。それでも、私と一緒にいたいと思ってくれる相手を、（たとえモラハラがあっても）手放してしまうなんてできませんでした。

長くなったので結論だけ言うと、彼はいつの間にか大学の後輩の女の子と浮気をしていたらしく、彼女と出会って1カ月も経たないうちに、「あの子を守ってあげなくちゃいけないから」と言って、私とは別れたい、と告げられました。とてもとてもつらくてまた落ち込んで泣いたり、家から出られなくなったりしましたが、私は彼の言うことを受け入れて、別れました。

新しい彼女とは、うまくいっているらしいです。相手の女の子はとても背が高くモデルみたいなスタイルで水原希子ちゃんみたいな雰囲気です。ああ、あの子なら、きっと連れて歩いても恥ずかしくないし、むしろ誇らしい気持ちになるだろう、と素直に思います。

そんな思いを抱えながら、半年ほどぼーっとして過ごしていたのですが、最近、私にも好きな相手ができました。少し年上の男の子で、背が高くて、いつもすごくおしゃれで、たぶん自分が美しいということをよく知っているようで、とても堂々としています。でも性格はちょっととぼけてて、天然っていうか、素直で優しくて、前の彼氏とは全然違うおだやかな人です。この人も、皮を一枚剥ぐと、どろどろした、真っ黒な、汚くて誰にも見せられないような感情を持っているのかな。そんなことを考えるとすごくどきどきします。

でも、そういうことを友達に話すと、「お前は結局、男の顔しか見ていない」とか、「見た目で相手を選ぶからいつも失敗するんだ」などと言われてしまいます。

美しいものに触ったり、撫でたり、唇をつけたりしたい。でもそういう気持ちを持っていることを、誰にも言えません。それに、精神的にぐちゃぐちゃになっても、一度愛した相手を自分から手放したりできません。醜くて何もいいところがない私のことを、一瞬でも好きになってくれたのに。その事実だけを信じたいのです。

結婚するとか親に紹介するとか、そんなことはどうでもいい。好きな人と、ふたりだけの世界がほしい。でも結局、こんな風に願っても、この先誰ともうまくいくはずがないとどこかで悟ってしまったので、彼氏も夫も作らないと決めました。決めた、というか諦めました。全然美しくなくて、どきどきしない相手となら、もしかしたらモラハラも喧嘩もなく、私が傷つくことがないままで付き合っていけるかもしれない。でも、そんなの全然、欲しくないのです。

あなたの欲望が本当に進むべき道を教えてくれます

「すみません、これ、小説にしていいですか?」と聞きたくなるほどの、すばらしいディテールの書き込みぶりに惚れ惚れしますね。「小沢健二似」でグイッと引き込まれ、そこからは「あんな感じのルックスでこんなこと言われたら『私のほうが間違ってる』って思っちゃうよなぁ……思っちゃうよねぇ……」の共感の嵐。そして現われる新彼女は、いま最も元彼の新彼女として殺傷力が高いと思われる、水原希子似!(同性から見て、嫌える要素や憎める要素が一切ない)そこにダメ押しでくる「あの子を守ってあげなくちゃいけないから」……! きえええええー!

（悲鳴）ちょっと落ち着くために私がまず一杯飲ませていただきます。テキーラをショットで……。そちらには、甘いお茶なんてお出ししますね。

まず、言いたいことは「そんな恋愛から、よく生還されましたね」です。たぶん、これを読んだ全員が「そんな男、ひどい目に遭えばいい！」と思ったと想像いたしますが、そういう恨み系の執着をされていないところも尊敬いたします。まぁ、「守ってあげなくちゃいけない」っていう時点で、彼も今、水原希子似にそこそこ振り回されてるんだろうなー、と推察されますので、振り回されてボロボロになる側の気持ちを、元彼も今頃ダシの効いたお吸い物を飲むような感じでじっくり味わっておられるといいなーと思います。

しかし、何より響いたのは最後の段落です。「美しい人が好きで、触れたい」「結婚するとか親に紹介するとかはどうでもいい」「好きな人と、ふたりだけの世界がほしい」。でも「この先誰ともうまくいくはずがないとどこかで悟ってしまったので、彼氏も夫も作らないと決めました。決めた、というか諦めました」。

読んでいて、こみあげるものがありました。聞く側なのに取り乱しちゃってすみませんが、最近、本当にこういうことをよく考えるんです。これに続く、「全然美しくなくて、どきどきしない相手となら、もしかしたらモラハラも喧嘩もなく、私が傷つくことがないままで付き合っていけるかもしれない」も、私の心のやらかい場所（ｆｒｏｍ『夜空のムコウ』）をザクザク刺激してきます。

世間の「幸せ」の価値に迎合しない

借りてきたね子さんは、自分の欲しいものをよくわかってらっしゃいます。そして、「美しい人に触れられる」なら、他の面では多少の犠牲を払ってもいい、という覚悟もしてらっしゃいますし、「美しくて性格もまともな人と、相思相愛になって結婚する」みたいな都合のいい話はあるわけない、と悟っておられます。はっきりしていますよね。明晰です。ただ、ここに書き込んでくれたということは、そうわかっていても、それが楽しい状態ではない、ということなのかなと思います。

幸せって、いったい何なんでしょうね。お友達は「見た目で相手を選ぶからいつも失敗するんだ」とおっしゃるそうですが、失敗って何なんでしょうか。借りてきたね子さんにとって、「美しい人に触れられた」ことは「成功」ですよね。その代償が大きかっただけで。

周囲の人は、借りてきたね子さんが傷ついているのを見て「こうすれば安定できるのに」「こうすれば傷つかないのに」と、もどかしく思ってらっしゃるのでしょうね。でも、そうして周囲の人が提案してくれる「幸せ」は、借りてきたね子さんにとっての「幸せ」とは、全然食い違っているわけです。

私は最近、恋愛ということを、もう諦めたいと思うことがあります。自分が心の底から傷つくのは恋愛だけですし、人生で本当にうまくいかないことも恋愛だけです。恋愛でうまくいくことを望まなければ、自分の人生はそれなりに幸せです。

でも「恋愛を諦めたい」と思うと、涙が出ます。だから、「諦めたくない」というのが本心なのだと思います。そして、諦めないでいるためには、これからもまた、これまで以上に傷つく可能性もあって、それがとても怖いのだと。

たぶん誰かに話せば、「まだ諦める年齢じゃない」とか、「人生何があるかわからないんだから、幸せな恋愛があるかもしれないよ」とか言ってもらえるかもしれません。でも、今の私にとって、そうした希望は毒に近いです。期待して、また同じ目に遭って、立ち直れるかどうかを考えると、ぞっとします。安定した穏やかな関係を望まない、なんてことはありません。でも、「この人とうまくいかないのなら、もう何もいらない」という刹那的な気持ちもまた真実なんです。勝手に想い続けて、もうそれだけでいいんじゃないか、と思ったりもします。

一時閉鎖は、してもいい

人の心は複雑で、なにかひとつが答えだと言えないことがあります。私が借りてきたね子さんの文章から強く感じるのは、自分の欲望から目をそらしたくない、目をそらすことで、自分を歪ませたくない、という強い意志です。でも、それを追い求めることで、過去に経験したのと同じかそれ以上の傷を負うことを予想されているのも感じます。

私は恋愛を諦めたいけど、「諦めよう！　よし、すっきりした！」とは思えません。私の「諦めたい」は自己防衛で、心から望んでいることではないからです。そして思うことは、こんなことは、決めてしまわなくていいんだ、ということです。つらいときに一時閉鎖するのはいいし、ああ、これはまずいパターンだな、というときにバーンと心のシャッターを閉じるのもいいと思います。でも、「この先誰ともうまくいくはずがない」「彼氏も夫も諦める」ということは、決めなくていいと思います。希望を持つことがつらいから、そう決めたい気持ちはわかりますが、今好きな人がいらっしゃるのなら、その人に対する希望に自分で限界を作らないでほしいんです。扉を閉めないでほしい、ということです。

「自分みたいな人間が、この人に触れられるだけで満足」というのは、最低ラインの満足ですよね。もしも最高を望めるのなら、何を望みますか？　私なら、付き合いたいですし、好かれたいです。そう思うことがどんなにつらいか、その希望を持つことがどんなにしんどいかもわかります。わかるけどやめないでほしいんです。最低限を望んでいたら、最低限のものしか手に入らないんです。

自分に自信がなくて、美しい相手とは釣り合わないと思っていても、気持ちのどこかにプライドを持って、対等な気持ちで主張しないと、恋愛って成立しないんです。

最低限を望めば、最低のものしか手に入らない

私は最低限を望んで、30歳前後は恋愛面では最低の時期を送りました。今も、申

し上げた通りうまくできてはいませんが、最低限を望むことだけはやめました。「付き合えなくてもいいから、ただ会ってほしい」と、相手との間に上下関係ができるようなことを言ったり、たとえ自分が年上だったり、社会的な地位が釣り合わなかったり、美醜の面で大きな差があったりしても、「自分が下だから、多くを望んではいけない」と思うのはやめました。美女だけが美男と付き合えるわけではないし、才能のある人だけが才能のある相手と付き合えるわけでもない、と、自分の思い込みを解体しようとするようにもなりました。

やめよう、と思って簡単にやめられるものではないので、劣等感や引け目を感じることは今もあります。でも、それを表に出すのをやめよう、としています。私の思う「幸せ」は、好きな相手との両思いです。どうせ傷つくのなら、最高の幸せを求めたいのです。

ご自分の本当の気持ちが、100％「諦める」なら、それでいいと思います。でも、揺れているうちは、ご自分の正直な気持ちを見つめることをやめないでほしいんです。借りてきたね子さんには、それができるはずです。人は、自分の意志で変えられる部分があります。

どうかご自分のことを、傷つく恋愛しかできない人間だと思い込まないでください。過去の私のような、卑屈な恋愛をしないでください。すればするほど、本当にプライドがすり減って、自信を失います。好きな相手に「好きだ」と言ってふられることで傷つくのと、自分が下の位置にしかいられない恋愛ですり減るのは全然違います。本当にすべきことは、「自分に都合のいい希望を求めるのをやめること」ではなくて、「関係を切られることを恐れるあまり、都合のいい存在になってしまうこと」ではないでしょうか。

何が幸せかなんて、何が正しい恋愛かなんて、私にもわかりません。でも、借りてきたね子さんにとっての「最高の幸せ」について、一度考えてほしいと思いますし、それを求めることは、決して分不相応なことなんかではない、ということだけは、申し上げておきたいです。

ヅカファンだけど彼氏も欲しい

［はりねずみ／40代］

いつも、鋭くも納得のアドバイス、楽しみにしています。雨宮さんが宝塚をお好きと知り、思い切ってご相談したいと思います。

私は思春期に宝塚に出逢い、過去に何人ものスターさんを好きになり、卒業を見送っては次にその人に似た面影のスターさんを見つけ……という調子で、かれこれ20年以上、ヅカファンをしています。

それ自体はとても幸せなことなのですが、そのためか、リアルな恋愛にはまったく力を入れることができず、ここまできてしまいました。別に、宝塚の男役さんのような人が世間にいるとは思っていません（よく誤解されるのですが、そんな人がいないことはわかっています）。ただ見ているだけで満たされ、スターさんもファンを大事にしてくれるということがわかる「相思相愛」の世界にいると、とにかく幸せなのです。

劇場という空間にいると、自分がまるで羊水の中にいるかのような絶対的な安心感があります。しかも、女性ホルモンが活性化しそうなほどときめき萌えることができる対象がいて、それで十分満たされています。ある種、超健全なホストに貢いでいるようなものかもしれません。そういう暮らしを20年以上やっているのですから、幸せでないはずがありません。

でも、公演がないときの真夜中とか、ふっと我に返るんです。「あれ、このまま一人でリアルな恋愛も知らず、年を取っていいのかな」と。

正直、死ぬまで宝塚を好きでいる自分は想像ができるのですが、男性と恋愛し、結婚したりしている老後は想像がつきません。友達とは半ば冗談、半ば本気で「宝塚ファン同士でグループホームに入ろう」なんていっていますが、それが現実になる日も遠くない気がします。

一度きりの人生なので後悔しないようにしたいと思って、たまに恋愛らしきこともしようとするのですが、舞台を通して「見ているだけで満たされる体質」になっているのか、基本、3年くらい、しつこく片思いをして終わってしまいます。今が幸せならそれでいいと思いながらも、この年齢になると老後のことも気になり、そろそろ現実もちょっとは見たほうがいいのかとも迷います。

同じ宝塚ファンの雨宮さんだからこそ、どうか、本当のところを教えてください。リアルな男性をいいな、と思えるコツってあるんでしょうか。こんな痛い質問、他ではできず……。どうか、同好の士として、アドバイス、お願いします。

あなたは、近い未来の私なのではないでしょうか……？

少々誤解をされているようですが、基本的にここは愚痴を吐くための場所で、ズバッと人生の問題を解決する場所ではないんです。ごめんなさい。
だいたい、このお悩みに対する答えを、私が持っているわけがないじゃないですか！（オペラグラスを握りしめながら）はりねずみさんのほうが宝塚については人生の先輩ですし……。まぁ、とりあえず煎茶とすみれの花の砂糖漬けをお出ししますね。

「劇場という空間にいると、自分がまるで羊水の中にいるかのような絶対的な安心感があります」「でも、公演がないときの真夜中とか、ふっと我に返るんです」「正直、死ぬまで宝塚を好きでいる自分は想像ができるのですが、男性と恋愛し、結婚したりしている老後は想像がつきません」……名言の連発に震えました。これぞファンの道です。「過去に何人ものスターさんを好きになり、卒業を見送っては次にその人に似た面影のスターさんを見つけ……という調子で」というくだりは、私のファン生活そのもので、どこかで見られているのでは!?と不安になるほどでした。はりねずみさんは……もしかして近い未来の私なのではないでしょうか。

恋愛ができないことを宝塚のせいにせず、自分に向き合っておられる毅然とした態度にも心を打たれました。はりねずみさんのように素晴らしいファンとして宝塚を好きでい続けられたらどんなにいいかと憧れます。

人の幸せって、いろいろありますよね。お金があって幸せとか、恋人がいて幸せとか、家族がいて幸せとか、打ち込める仕事があって幸せだとか……。はりねずみさんは「夢中になれる趣味を持って幸せ」という状態なのでしょう。

でも、幸せって必ず1種類しか選んじゃいけないわけじゃないし、どれかを選ぶとどれかを捨てなきゃいけないということでもありません。ひとつの幸せを手にしていても、他の種類の幸せが欲しいと思うのは、自然なことですよね。

リアルな男性を「いいな」と思いたいとのことですが、そうですね、リアルな男性は……いいものです。抱きしめてくれたりします。あたたかいし、優しいし、最高の気分になります。

恋愛は舞台ばりにロマンチックなもの

今って、恋愛は楽しいことばかりじゃないとか、現実はそんなにロマンチックじゃないとか、そんなことばかり言われていますよね。「現実を見ろ」「結婚したいなら婚活しろ、妥協しろ」みたいなメッセージばかりが目に入ってきます。でも、私の数少ない恋愛経験を振り返ってみても、そうかなぁ?と思うんです。もちろん楽しいことばっかりじゃない。つらいこともたくさんあるし、死んでしまいたくなることもあります。でも、やっぱり恋愛って尊いものです。

誰かと人生の中の楽しく美しい瞬間を共有できたり、お互いに相手が大好きだという気持ちをわかちあったりするのは、すごく幸せなことです。八つ当たりみたいな喧嘩をしたり、それを許したり許されたり、つらいときや苦しいときになんとか寄り添おうとしてくれたり、相手を喜ばせるためにいろんなことを考えたり……。そこで起きる出来事は、舞台の上で起きていることと、本質的にはそんなに大きく違うものではないという気がします。私は宝塚の舞台で見た、あまりにも現実の恋愛や男女関係を象徴する場面やセリフに震えたことが何度もあります。

恋愛は、宝塚で言うならば「毎日続く客席降り」（※舞台の上から客席に降りてくること）だと思います。自分が「この人だ」と思った人が、同じ場所に立ってくれるのです。怖いですよね。緊張してとても話せないと思ってしまいますよね。

でも、舞台の上の人たちは、きれいに降りてきてお客さんの目をしっかり見つめて踊るために、信じられないほどの時間、練習を重ねてらっしゃいます。私たちはタカラジェンヌではありませんが、誰かと出会って、連絡先を聞いて、連絡して、食事や映画に誘って、会話して、ということもまた、積み重ねでどんどん上手にできるようになることだと思うのです。コミュニケーションも練習の積み重ねで少しはうまくなると思いますし、そこから緊張を取り去っていくには、とにかく一つでも多くの舞台を踏むことしかありません。本物のキスシーンもいつか待っていることですし……。

そして、相手の目を見つめて、ウインクや投げキッスではなく言葉をかけて、コミュニケーションを取るのです。どんな人なのか、どんなことに興味があるのか。

話しているうちに「いい人かもしれない」と思えることもあるかもしれません。一緒においしいものを食べるとか、映画を観るとか、なんでもいいのですがお互いに楽しいと思える経験を共有して、いろんなことを話しているうちに、心が近づくこともあるのではないでしょうか。

私たちもいざ、恋愛という新しい舞台へ!

宝塚は幸せな場所です。最高の場所です。私も、まだまだ少ないですが、何人もの好きな人たちが宝塚を卒業してゆくのを見てきました。宝塚で磨き抜いた「男役」という最大の武器を捨てて、宝塚ではない舞台に立たれる姿、宝塚の中での評価が通用しない世界に飛び込んでゆかれる姿。それはとてもまぶしく、内にどんな強い覚悟が必要だったか考えると、涙なしでは見れないものでもありました。

私たちも、怖いけれど勇気を出して、ときには宝塚という安心で安全な場所から出ていかなくてはならないのかもしれません。宝塚とはまた別の幸せを手に入れるためには……。大丈夫です。つらいことがあっても、私たちには宝塚があります。いつでも観に行ける、心を慰めてくれる大好きなものがあるのです。夜中につらくなったら、『ＣＯＮＧＡ!!』のＤＶＤをかけて、一緒に歌い踊ればいいのです。

「踊るなら選んだ相手と、踊りたいときに好きな音楽で」（宝塚をご存知ない方に説明すると、『エリザベート』の中の歌の一節です）。はりねずみさんが選んだ相手と、踊りたいときに好きな音楽で踊れるその日がくることを祈っています。もし、そんなにトントン拍子にうまくいかなかったとしても、誰かと人間関係を作ろうとすること、自分が苦手だったこと、でもしてみたいことをするのは、素晴らしいことですよ。

読んでいて、なんだか私も頑張ってみようという気持ちになってきました。可愛いらしく着飾ってデートをしたりしたいと思ったりもしました。男の人にときめく気持ちをたくさん持って、褒めて褒めて優しくして、それでいい気分になってくれたら嬉しい。相手の気持ちを聞けたら嬉しいし、自分の話ができたら嬉しい。そういうことの積み重ねの上に、「好き」というものは生まれてくるのかもしれません。

私は恋愛下手なので、たいしたことが言えなくて申し訳ありませんが、「どうせ私なんて」「どうせ男なんて」と思わずに、素敵な展開があることを期待して、その期待に備えた行動をすることが、最初はやっぱり大事だと思うのです。私も、ヅカも好きですけど、彼氏も欲しい。どうか一緒に頑張っていきましょう。

大人になる＝処女喪失が怖い

［ろまん／20代前半］

こんにちは、私は現在海外留学中の大学生です。
大人になるってなんでしょう。
現在22歳で、甲子園球児もみんな年下。社会的に十分大人なくせに、それでも私

はまだ少女の自分を捨て切れません。若くいたいというか、女の子でいたいのです。ハロウィーンだったらお菓子を用意する側ではなく、「トリックオアトリート!」といってお菓子を求めてまわる子どもでありたいのです。

社会に出て働いてみたいとは思うのですが、14歳のときから大人になりたくないと思いはじめ、誕生日には毎年また歳をとってしまったなぁと思っています。私は可愛いもの、ひらひらレースの洋服が大好きだし、たまにロリィタ服も着ます。自分の部屋にはぬいぐるみがたくさんあるし、ディズニーやサンリオのキャラものがやめられません。バイトはしたことがありますが、欲しいもののために社会で働く経験をしてもなお、自分が大人だと認めたくありません。バイトの契約書にサインをしても、一人で海外留学に行っても、大人になりきれません。

30歳までに子どもは欲しいので、26か27で結婚したいと思っています。あと5年程度しかありませんが、それまでに家族から精神的に自立できる自信がありません。

約1年間の留学で、寮での一人暮らしなどを経てなにか変わるかと思いましたが、視野は広まったものの気持ちに大きな変化はなく、一生家族と今のまま幸せに暮らしていたいと思いました。私の家は家族仲が大変よく、都内に一軒家を持ち、小学校から私立に通えるくらいの経済力もあります。

大学に入った直後、2歳年上の、私にとって初めての彼氏ができ、彼とはもう3年以上付き合っています。不器用ですが誠実で優しく、私のことを大切にしてくれるし、彼となら家族になってもいいかなと思っていますが、大人になりたくないので結婚したくありません。

アメリカ人は日本人よりずっと大人びているので、私にとってアメリカはたまに居心地が悪いです。アメリカ人だけでなく、同じ留学先の日本人学生も、年齢は私より年下でもアメリカにかぶれて大人びているので、その人たちと自分を比べると、私はなんて幼稚なんだろうと思います。


私は自分の信念や意見をしっかり持ってはいますが、好きなものが子どもレベルなのです。日本にいるときは親が子ども扱いしてくれていたし、私の親もディズニーやぬいぐるみが好きなので、子どもっぽいテイストが好きでも気にしたことはありませんでしたが、最近、このまま社会に出たらもしかして浮く?と思い始めました。

それで近頃は、本当は子どもっぽい服装や髪型が大好きなのに、大人っぽく見せるために前髪を伸ばし、スキニージーンズをはいています。3月からは就活が始まりますが、大人っぽくしなければと思えば思うほど違和感があります。ちなみに志望業界はおもちゃメーカーです。

突然ですが私は処女です。処女喪失すると、ロリィタ服やぬいぐるみなどの「かわいい」が似合わなくなりそうで怖いのです。セックスするとなにか自分が変わる気がするし、それが私にとっていいことだと思えないのです。処女じゃないのに親から子ども扱いされるのも違う気がします。そもそも結婚するまで貞操を守りたいので、今の彼氏は待ってくれていますが、「大人になる＝処女喪失」というのは少なからず言えると思います。

大人になったら大好きなものにふさわしい自分でいられなくなる。

好きなものに嫌われることほど怖いことはありません。友達と下ネタも話すし、中学生の頃に自慰だって覚えたし、腐女子だった時期もあるのでかなりアブノーマルなセックスの知識もあるし、興味もあります。でも処女喪失はいろんな意味で怖いし、いざとなるとエロくなる自分が気持ち悪いのです。子どもは欲しいので、結婚したらもちろんセックスするつもりではいます。

今の子どもって、何を飲むんでしょうか。私はクリームソーダが好きなので、

大人＝常識から外れない人、ではありません

雨宮さんは私からするとすごく大人です。かっこいいです。自立してるしショートカットがよく似合うし、いろんな人と対等に話していて立派です。

大人になりたいかというとなりたくないのですが、そんなことも言っていられません。なにを目指せばいいのかわかりません。もう22歳にもなって子ども扱いしてほしいなんておかしいかもしれませんが、反抗期もなく、大人になるタイミングを逃してしまったのかもしれません。一生このまま痛いおばさんとして年を取るのかなとも思います。

昭和の子どもの飲み物ですけどそれでいいですか？　合成着色料の緑がまぶしいですね。チェリーものせましょう。アイスクリームとメロンソーダの境目のところがおいしいですよ。

私が「大人になるのはいやだなぁ」と思ったのは、住んでいた団地のフェンスの穴をくぐって近道をしていたときに「大きくなったらこの穴を抜けられなくなるのか」と思ったときと、生理がきて「これから何十年も毎月こんな目に遭うのか」と思ったときです。神様が3つの願いを叶えてくれると言ったら、そのうちの1つは「生理をなくしてください」にしようと思っていました。ちなみにもう1つは「ムダ毛をなくしてください」で、その2つは自分の中で決定でした。まさか永久脱毛なんていうものがこの世にあるなんて……。あのとき神様にあんな願いごとをしなくて本当によかったです。

そんなふうに、子ども時代と決別したくなくてもしなければならない、どうしても逆らえないものがこの世にあるんだと気づいた瞬間の気持ちには覚えがあります。もっと大きくなってからは、社会に出たら責任が重くて大変なんだ、とにかく社会は厳しいところだと教えられてきましたから、社会になんか出たくないし、バイトですら責任が重いのに社会人なんてまっぴらごめんだと思っていました。どうしたら自立した大人になんかなれるのだろう、と不思議に思っていました。

ろまんさんの愚痴は、すごく単純なところと、複雑なところが交錯していますよね。例えば、子どもっぽい服装や髪型が好きで、それは社会に出たら浮くのでは？と心配されているところ、そして私に対して「雨宮さんは私からするとすごく大人です。かっこいいです。自立してるしショートカットがよく似合うし、いろんな人と対等に話していて立派です」と書かれているところは、「子どもっぽい＝会社にふさわしくない」、「ショートカット＝キャリアウーマンっぽい」、みたいな、かなり単純化されたイメージに基づいて書かれている箇所です。

子どもっぽいもの、ディズニーやサンリオが好きな大人はたくさんいますし、そういったもののコレクターといえば、圧倒的に経済力のある大人が主流でしょう。「ショートカット＝自立している大人」、というのは、政治家の女性などのイメージでしょうか。まぁ、私が一日中、〝着る毛布〟に包まれたダメな生活をしていることなど、クロネコヤマトの人以外は知らないですからね……。このあたりのことは、想像による決めつけで語られている部分が多く、単純でありながら漠然としています。

逆に、セックスに対する不安は非常に複雑でありながら、リアルでビビッドです。セックスをすることで「大好きな（可愛い）ものにふさわしい自分ではいられなくなる」「いざとなるとエロくなる自分が気持ち悪い」「子どもは欲しいので結婚したらもちろんセックスするつもりではいます」。これほど処女の不安を的確に表した言葉にはなかなかお目にかかれません。これらのフレーズは、傷口のようです。

本当の悩みは「常識から外れたくない」ことなのでは？

整理してゆくと、ろまんさんがお悩みになっていることは、「自立せず、庇護される子どもでありたい」ということ、「加齢により否応なく大人になり、可愛いものが似合わなくなるのがいやだ」ということ、「性的なことにより大人の女の面が出てくるのが、可愛くなくていやだ」ということ、そして、書かれてはいませんが最も強いのは「常識的な生き方をしたい」ということだと思います。

人並みに就職し、結婚し、子どもも欲しい。そこから外れようという考えは、ろまんさんの文章からは感じ取れません。「子ども」対「大人」の概念が、「処女」対「非処女」、「可愛くて庇護される対象」対「自立していてかっこいい」というように、かなり単純化されていることと、それは無縁なことではないと思います。

「腐女子だったのでかなりアブノーマルなセックスへの知識もあるし、興味もあります」とありますが、腐女子というのはボーイズラブが好きな女性のことですよね。アブノーマルなセックスというのは、男性同士のセックスのことなのか、アナルセックスのことなのか、腐女子の性的嗜好のことなのかわかりませんが、いずれにせよこれを「アブノーマル」と呼ぶのは、私はどうかと思います。はっきり言うと、差別的だと思います。ろまんさんの生きている「常識的な世界」がどのような世界なのか、端的に見えてくる表現だと思いました。「大多数の普通」を外れない世界なのでしょう。

私は、ろまんさんの住む世界の常識から言えば、まっとうな道を外れて生きる者です。この愚痴を読んで最初に思ったのは、なぜ私に?ということでした。私は、少女性を保持したまま大人になっているわけでも、ろまんさんが将来の道として考えているような、就職し結婚し子どもを持った常識的な大人でもありません。ろまんさんの理想とひとつも合わない私に、なぜ?と思ったのです。

時間を止めることはできませんが、両親の庇護下で生きてゆくことはおそらく可能でしょうし、可愛いものを愛し続けることは可能です。大人っぽい服装をすることに違和感があるのなら、好きな服を着ていい仕事を選ぶことは可能です。セックスも結婚もしないで生きることも可能です。でも、いつまでも若い年齢で、無理なく可愛いものが似合う、可愛いものを身につけていても痛いと言われない「社会的立場」であることは不可能です。そして、ろまんさんが語られていることの多くは、可能か不可能かではなく、社会的な立場についてのことなのです。

「痛いおばさん」は、社会的な立場であり、周囲からの評価です。痛いと思われることを知りながら、そのような服装や美学を貫く人の内面は自立していると私は思います。趣味嗜好が子どもも好みであるとか、可愛いものばかりだとか、そういうことは関係がありません。「なんとなく仕事ができそうに見えるから」とスーツを着て、ショートカットにする人の内面は、幼稚です。自分の常識を誰かに預けて生きる人は、自立していないのです。

そういう精神論を聞きたいわけではないですよね。けれど、もう、なにかを選ぶことからは逃れられないのです。ろまんさんの言う「大人になりたくない」は、おそらく「どれも選びたくないし、選びたい選択肢がない」ということなのだろう、と思います。どの選択肢もろまんさんを今のままではいさせてくれないのですから。

なにを選ぶのがベストなのかというアドバイスは誰にもできません。私がろまんさんに言いたいことは、もっとたくさんの大人、もっとたくさんの人物像や価値観に触れてほしいということです。ろまんさんが「こうしなければならない」「こうするのが普通だ」と思っていることを、はなから捨てて生きている人の姿を見てください。処女のままで生きる人、子どもっぽい好みを貫き通す人、仕事をしていない人……。ろまんさんの考える常識や普通から外れている人を見てください。ろまんさんのなりたくない「大人」を、生き生きと楽しそうに生きている人が、なぜそのように生きていられるのか、その内面を知ろうとしてみてください。本でも、映画でも、音楽でも舞台でも、何でもいいです。

「普通の大人」じゃない私になぜ話してくれたのか

ろまんさんが私に愚痴を言ってくれたのは、偶然このサイトを見てくれたからかもしれませんが、私が〝ちゃんとしていない〟大人だったからなのではないか、と少し思うんです。そして、ろまんさんが薄々、「こういう道を選んでおけば安心な、普通の人生」だと思っているものと、自分の欲望の間に溝を感じているからではないかとも思います。自分の欲望に正直になると、周りの常識から外れて孤独を味わうことになるだろうということを、なんとなく知っておられて、だからこそ、きっとそういう立場にいるであろう私に愚痴を言ってくれたのではないかと想像します。

子どもが欲しい、セックスはいやだ、大人になりたくない、就職はしたい……。矛盾した思いが書かれていますが、大人になるということは、若さを失い、みずみずしさを失い、みじめに老いていくことではありません。子どもは純粋で、大人は醜く、汚く、不純なもの、ではないのです。少なくとも私は本気でそう思っています。子どもが自由で、大人が不自由なのではなく、大人っぽい態度や服装を強いられるのが子どもだと思っています。

二項対立の価値観や、固定観念の枠からはみ出るものが、世の中にはたくさんあります。なにかを選び取り、不要なものを捨てていき、なにかを奪われ、なにかを獲得しながら純度を増してゆくのが、私の思う大人です。ろまんさんが、自分の中の少女を生かしたまま大人になることは可能です。それを「撰択する」ということが、大人になるということではないでしょうか。

私もろまんさんと同じような気持ちを抱え、年齢を重ねることに付随するなにもかもがいやだと思うことがありました。

いつそれが変わったのかというと、会社員という立場を捨てたときと、「人からこんな人間だと思われたくない」「こういう人間だと思われたい」というこだわりを少しだけ捨てられたときです。それは、自分にはまだいろんな可能性がある、自分には何でもできる、という地点から、自分にできないことを知り、受け入れたくなかった、見たくなかった自分の像を受け入れた瞬間でした。

そう言うとすごい苦痛があるように見えるでしょうが、それは逆で、ずっと抱え続けた苦痛が消えた瞬間だったのです。こうありたい自分と、実際にそうでない自分とのギャップを解消できたとき、生きていくことはほんの少し、楽になるのではないかと思います。

誰からも誕生日を祝ってもらえない

［くま子／20代後半］

本当にくだらないことですが書かせてください。最近私の誕生日がありました。それを誰からも祝ってもらえてない気がして、どうしても気分が晴れないのです。

こんなことを書くと子どものようですが、私はもう27歳です。いい大人です。祝ってもらう歳でもないし、それでションボリする歳でもありません、でも悲しいのです……。

当日は仲のいい友達からメールをもらったり、一応家族がケーキを買ってくれたりしましたが、ほとんど一人で過ごしました。同じ誕生日の知り合いはＳＮＳでメッセージがたくさんきてたのに……。同じ趣味の仲間内では、他の目立つ子のときはみんなでお祝いをしたのに……。友達は旦那さんからお花をもらったうえにお義母さんからお祝いと日頃のお礼のお手紙までいただいてるのに……。

しかも先日は、今月お誕生日という子がサプライズで0時ちょうどに盛大にお祝いをされるところに立ち会ってしまい、私もお祝いする立場になり泣きそうでした。私も今月お誕生日だったのに、と。

本当に本当にくだらないことなのはわかってます。べつにケーキやお花やプレゼントやお手紙が欲しいわけではないのです。ＳＮＳや人の話は、いいことばかりに見えるものだというのもわかっています。

ただ、自分は誰からも関心を持たれてないんじゃないか、好かれてないんじゃないか、いつも人に悪く思われないようにいい人でいようと過ごしても、なに一ついいことがないのではないか、と考えて悲しくなるのです。

めちゃめちゃ卑屈です。根暗です。他の人にしたら、たかだか普通の一日なのに……。考えてるとだんだん「私が可愛くないから」とか「こんなんだから恋愛も何もかもダメなんだ」とか考えが飛躍してしまいさらに悲しくなるのです。

こうやって一年に一度の誕生日を卑屈な気持ちで過ごしてしまいました。悪いのは他人ではなくて卑屈な自分の性格です。当日軽く、「祝って」とか、「遊ぼう」とか言えない自分が悪いのです。

お祝いのメールをくれた友達も、プレゼントをくれた人も、ケーキをくれた家族もいるのに「みんなはもっと楽しそう」と思うのは隣の芝生だし、贅沢です。でも気分が晴れないのです。

失礼ながら、「人間って可愛いな」と思ってしまいました

はい、月が変わってしまいましたけど、祝いましょう！　やったことないけどラテアートでハッピーバースデーとか描いちゃいますよ！　ほら、ケーキにろうそくも立てちゃいますよ。あっ、でもこんな普通のじゃＳＮＳで自慢するときにインパクトないかも……。マカロンタワーとか持ってきましょうか？　あれってろうそくどこに立てればいいんでしょうね？　なんだか凶暴な見た目になりそうですが……。

「たかが誕生日のこと」から、人間関係や自信についても疑問を持ってしまい、自業自得だと思っても、うらやましい気持ちが消えない。そんな状況のようですね。

そりゃあ、うらやましいでしょう。昔はどうだったかわかりませんが、今はモテ能力や財産がＳＮＳで丸見えになりやすい時代です。夫婦愛が感じられるエピソー

ドが書かれていたり、大好きなアーティストのライブに知り合いが楽屋まで招待されていたり、アップされている写真に写っている部屋が、広いだけでなくセンスがよくてキレイに片付いていたり……。全部、相手に非はゼロです。その人に愛や人望や社会的地位やセンスがあっただけの話です。でも「それに比べて自分は、なぜなにも持っていないのだろう」とやりきれない気持ちになる。

SNSがあるというのは、そういうことの起こりやすい世界だなと思います。たいしたことじゃないことが見えてしまうし、見えてしまうことで人の気持ちがチクチクすることが増えているように感じます。

「いい人であること」と、「人に好かれること」は違う

「いつも人に悪く思われないようにいい人でいようと過ごしても、なに一ついいことがないのではないか」。そうですね、いいことがないとは言いませんが、「いい人」であることと、「人に好かれる」ことは、同じではありません。

「人に好かれる」ということは、努力でなんとかなることのように語られがちです。確かにそういう部分もありますが、もっとも大きな部分は才能だと思います。

圧倒的に好かれる能力を持っている人は、います。他の才能と同じように、ほんのちょっとの努力では埋めようのない差があります。私も「あー、この人には絶対かなわない。コミュニケーションの天才だし、好意を示すのがうますぎるし、誰からも好かれる！」と思った人が何人もいます。

だから、安心してください。あなたのせいではありません。あなたの努力が足りないから、あなたの振る舞いが間違っていたから、誕生日をサプライズで盛大に祝ってもらえなかったわけではないのです。

そう言われると、余計に絶望的な気持ちになってしまうでしょうか。

でも、逆に「誰からも嫌われる人」というのは、とても少ないんですよ。ネットで炎上した人たちってたくさんいますけど、その人たちは孤独になっていますか？そうではないですよね。かばう人が必ずいます。

どこかで最低の評価を受けている人が、別の場所では歓迎されていることもよくあります。自分から扉を閉ざさなければ、誰かが必ずよさを見つけてくれるんです。

恥ずかしい「バカみたいな自分」を解放してみませんか？

たかが誕生日のことでくよくよと考え込み、自分自身まで否定してしまうくま子さん。くま子さん自身にとっては、なによりいやな部分かもしれません。けど、こう言ってはなんですが、くま子さんの愚痴、ちょっと面白いんですよね。今、こうしてお返事を書いていても、「そうじゃなくて！　もっとこう、イケてる感じの集団にチヤホヤされながらウェーイ！って感じの誕生日を！　過ごしたかったんですよ！」というパッションが伝わってきそうです。ご本人には泣きそうに悲しいことだというのは理解してるんですよ。お気持ちもよくわかります。でも、やっぱりちょっと面白いんです。失礼ながら、「人間って可愛いな」と思ってしまいました。

お祝いしてくれたお友達に、言ってみたらどうでしょうか。「すごいリア充みたいな誕生日を一度でいいから過ごしてみたい」って。日付が変わると同時にFacebookのニュースフィードにおめでとうメッセージが並び、誕生日が終わる頃に「お祝いメッセージくださったみなさん、ありがとうございました！　全員にお返事できなくてすみません！」とか言っちゃって。友達同士で、普段行かないようなパーッとした場所に行って、店員さんにハッピーバースデーを歌われる、ちょっと恥ずかしいアレをやってもらったりして。自分の嬉しいこと、してほしいことって、自分じゃないとわからないものですから。

そういう誕生日は、くま子さんが望んでいる誕生日とは少し違うかもしれません。でも、屈折した部分って、自分が愛されてる場所でポーンと解放してやることでしか、まっすぐに伸ばしていけないんです。だから、小さなことですけど「ちょっと嬉しい誕生日」を考えて、協力してくれる人に一緒に祝ってもらったらどうでしょうか。

自分で企画した誕生日でも、嬉しいものですよ。私は38歳の誕生日、友達にディズニーランドに付き合ってもらいました。

誕生日パスポートというものを買って、首から金メダルみたいなものを下げて、アトラクションに乗るたびに「ハッピーバースデー♪」なんて言われて、横から友達に「38歳になったんですよ！」と言いふらされて……。ディズニーランドのキャストの方でも、困った笑顔になることがあるんですね！　38でもこんなにバカなんですから、安心してバカみたいな愉快な誕生日を、次はぜひやってみてくださいね。バカみたいな自分の欲望を開放し、満たしてしまうと、本当にスッキリしますよ。

column
やってらんない世の中で

良い「絶対」と悪い「絶対」、どっちを信じますか?

恋愛関係の愚痴へのお返事で、いつも躊躇(ちゅうちょ)してしまう部分があります。それは、私の気持ちとしては「あなたみたいないい人、絶対に素敵な人が現れるから大丈夫!」と言い切りたいのに、「絶対に素敵な人が現れる」かどうかわからないので、なかなかきっぱりそう言い切ることができない、というところです。

でも、私自身はこの言葉にずいぶん救われてきました。人生で最も悲惨な失恋(何度もありますが)のうちの一つを経た翌日に、友達が「まみさんみたいな人をふるなんて信じられない! 絶対もっといい男が現れるから、そんな男とは別れてよかったんだよ!」と言ってくれたことがありました。この世に「絶対」なんてないことはわかってます。それでも、その言葉はとても大きな力になって、私を支えてくれました。言ってくれた本人は忘れているかもしれないくらいさりげない一言でしたが、一瞬も迷わずそう言ってくれたことがとても嬉しかったんですね。

私もそういう一言を、言いたいんです。言いたい。すっごい言いたい。けど、例えば早く結婚したいとか、差し迫った状況にある人に「絶対出会えるから大丈夫!」って言うのも無責任な気がして、言えないんですよね……。でも、心の中ではいつも言っています。絶対出会える、自分の価値をそんなに低く見積もらないで、堂々と胸はってて! 失恋したって、これまで恋愛ができなかったからって、そんなことであなたの価値に傷なんかつかないよって、拡声器持って叫んでます。

ただ、この世に「絶対」がないっていうことは、逆に言えば「絶対に好きになれる人になんか出会えない、自分には今後も恋愛のチャンスなんてない、うまくいく恋愛なんてできっこない」なんてことも、ないってことなんですよね。もしかしたら、本当にいきなり少女マンガばりの現実が向こうからやってくることもあり得るし、なんにも起きなかったところからいきなりスピード結婚に至るみたいなことだってあり得ます。そういう実例もいくつも知ってます。

「絶対」を信じないなら、いいほうに信じないでいてほしいなというのが今の私の気持ちです。「絶対ない」「絶対自分には無理」っていう否定を信じないでほしい。だって、「絶対ない」なんてこと誰にも言えないんだから。

あと、恋愛というのは、こうも自己評価と密接に結びついてしまうものなのだな……というのも強く感じました。まぁ、もちろん自分もそうなんですが、好きな人に好かれていれば自信が持てたりするし、好きな人に受け入れてもらえなければ自分の価値なんてゼロどころかマイナスなんじゃないですか!?と株価をキツめに想定し始めたりしちゃうんですよね。

自信がなくなると、「私は人に嫌われやすいのだから、人一倍気をつかわなきゃ」と思ってガチガチに緊張しちゃったり、本来の自分らしさを出せなくなったりして、魅力が発揮できない状態になっていく負の連鎖が待ち構えています。

私もこんなのは何度も経験していて、そんな自分にうんざりして、モテている人にいろんなコツを訊きまくったりしてたんですが、今でも忘れられない一言があります。それは「欠点っていうのは悪いものじゃなくて、それも魅力になるんだから、どこでどう出すかっていうことをちゃんと考えれば、それも武器になるんだよ」という言葉です。

確かに、人の欠点ってちょっとかわいかったりするんですよね。その欠点がモラハラとか暴力とかだと問題ですけど、そういうんじゃなくて、ここに愚痴を吐き出してくれた人たちが自分で書いているような「自分の欠点」って、なんか、人間味あって可愛くないですか？「えー、こんなことで悩んでるの？」って笑っちゃったりする人もいると思うんですけど、そういう人たちにとっては、こういう部分って「かわいい」以外の何物でもないと思います。自分にとっては深刻な、解決不可能な欠点が、そういうふうに見られることもあるのだと、今は急に信じられなくても、知っておいてほしいな、と思います。

第3章　見た目のことが苦しいんです

私は可愛いのに
ディスられるのが耐えられない

［箱根8里／20代後半］

雨宮さんこんにちは。私のつまらない愚痴を聞いてください。
私は自分のことを可愛いと思っています。よい家庭で育ったため、性格も問題な

くいいほうだと思っています。ですが、スタイルが悪く、小太りなのがコンプレックスです。

コンプレックスですが、なぜかずっとモテると思い込んでいます。実際はモテていません。そして、可愛いと思っている自分の容姿を馬鹿にされるのが苦痛でたまりません。

子どもの頃から、自分のことを不細工と思ったことはありません。私は私の容姿がとてもタイプです。もう少し痩せたらもっと可愛いのにと日々思っています。

子どもの頃は田舎育ちで、学校や地域自体が小さかったためか、容姿に対しての評価は悪くなかったと思います。ノリもいいほうで、少し目立ちたがり屋でしたので、元気でニコニコしていて、いつも冗談を言ってふざけているキャラクターだったと思います。明るくていい奴って感じです。

大学入学のとき上京し、東京はなんて可愛い子が多い街なんだと思いました。みんなオシャレで細くてきれいで、キラキラした子が周りにもたくさんいました。美術大学だったため、オシャレで個性的な子が多く、私もそれなりに自由に、自分の好きな格好や言動ができました。

大学3年の後半くらいから、グラフィックデザイナーを目指して就職活動を始めましたが、私は自分の実力に自信がなく、第一志望のグラフィックの業界で評価されるのが怖くて、なにを血迷ったのか服飾系の面接を受けていました。

もちろん勉強もしていない分野で、書類や面接でたくさん落ちました。ある販売員募集の面接に行ったとき、担当の偉いオッサンに容姿と服装をボコボコになじられました。

「そんなに太っていてよくもまあ……」的なことや、「そんなダサいのつけてちゃダメでしょ(笑)」(鞄につけてたクマのキーホルダーのことです)とか言われたりしました。自信があったわけではありませんが、自分の姿は周りにそんなに酷く映っていたのかと、恥ずかしくて泣きながら家に帰りました。

友人たちに愚痴ると、いやな面接官に当たってしまっただけだから気にしなくていい、とみんな言ってくれましたが、ショックでショックでショックで、すぐに就活の方向は変えました。

それからでしょうか、見た目に関わることを指摘されることにとても敏感になってしまいました。敏感というか、実際に容姿をディスられる機会が増えた気がします。

「すごい柄の服着てるね（笑）」。

センスないって言ってるよね。別にすごくないです。

「いつまでも食べてるね（笑）」。

遠回しにデブって言ってますよね。じゃがりこを1つゆっくり食べていただけじゃん。

「禁酒？　そんなことより食生活見直せば？　最近ショック療法って痩せ方があって～……」。

金欠だから禁酒しようと思っただけなのに……。

「処女でしょ？」。

嘘でしょ……そんなこと普通、面と向かって言うオッサンいます？

「外国の女子みたい」。

くっそー悪口のつもりじゃないだろうし、実際そんな体格だからわかるけど黙れよ。

いちいち気にします。いつもへらへらしているし、普段からテンションも高いです。明るくて元気です。でも打たれ弱いです。

可愛い、明るい、元気、いつも笑顔だ、変わった服の趣味は「かっこいい」とでも言っておけばいいのに、どうしてみんな私に妙な指摘の仕方をしてくるんでしょう。ちくしょう、絶対に星のめぐりが悪い。たいがいのことは笑って許せるのに、容姿のことになるとすぐショックを受けてしまいます。

本当に可愛くてセンスのいい子は、そんなこと言われても気にしない（というかそもそも言われない）んだろうなと思うと、劣等感で悲しく、腹立たしくなります。そんな小さいこと気にもならない可愛い子が羨ましいです。

彼氏はいたことがありません。合コンなどにときどき行くし、行けば連絡先を交換してデートをしたこともありますし、男友達ができたりもします。ホテルに誘われたりも何度かあります。決して男性から見て、まったくナシではないんだろうとは思うのですが、それでも彼氏ができないのでますます劣等感が加速します。デブで不細工で服がダサいのがいけないのかと思ってしまいます。

歳を重ねてだいぶ慣れてはきましたが、仕事や環境を変えても、容姿ディスをする人はいるもので、あ〜まだそんなこと言われなきゃいけないのか〜と思ってしまいます。言いやすい顔をしているのが悪いのか～と、また落ち込みます。

自分の醜さを認めないといけないのかもしれませんが、私自身はまあちょっとデブだけど可愛くてセンスも普通にあって性格もよく仕事もできると思っているのでどうすることもできません。

「そんなことどうでもいい。愛してる」って言ってくれる彼氏がほしいです。

いい女なのになあ。ばーかばーか。

外からの圧力に負けず、あなたのままでいてください

はい、周りの目は気にせず、マシュマロ入れたココアでも一緒に飲みましょうか。

最近はねぇ、ほんと周りの目が厳しくて、スターバックスで甘いやつ頼むときとか、

周囲に「こいつ意識低い」って思われてるんじゃないかとかいちいち考えちゃうことあるんですけど、今日は、飲みましょう！　カロリーの高い飲み物を！

いやー、読んでいて「外国の女の子みたい」という、微妙にほめてるんだかけなしてるんだかわからないディスり方のリアリティに笑ってしまいました。言った側の「悪口とはわからない程度にあてこすってやろう」というせこい目論見が完全にバレてる感じが爽快で、あまりの潔くなさに笑ってしまうんですよね。

太っていることが、人間の魅力や、女としての魅力にそこまで大きく影響するかというと、正直そんなことはないと思います。けど、箱根8里さんはバカにされている。なぜでしょうか。

スクールカーストという言葉がありますが、学校を出ても、容姿や能力、モテるかモテないかなどの基準による「ランク付け」は、絶えず行われています。所属するコミュニティによってランク付けの基準は違いますが、「痩せているほうが位が高い」という基準が採用されているコミュニティは、日本の中ではとても多いです。いや、世界の中でもですかね。

人が人である限り、なんらかの基準で測られるのは仕方のないことかもしれません。「自分は自分のままでいい」「自分は普通だし、自分で自分のことを気に入っている」という状態であっても、勝手に外部からのランク付けを押しつけられるのは不快なものです。

いや、押しつけられるだけならまだいいのですが、やっかいなのは、そのランク付けを受け入れず、ランクにふさわしい言動をしない人間に対して「身の程をわきまえろよ」的な圧力をかけられることです。箱根8里さんが言われていることは、すべてこの「身の程知ってるの？　わきまえろよ」に類する言葉だと思います。「ランクが下位」であることをわきまえていて「自分は下の人間です」という振る舞いをする人に対して、人はこういう言い方はしません。箱根8里さんが「ランク付けされることを拒否している」人間だから、周囲の人たちはこういうことを言うのだと思います。

ランク付けされるのを拒否する人がいると、そのランク内で生活している人たちは、自分たちの努力が無効になるかのような不安を感じたり、「なぜこいつだけ同じ方向に努力しないいんだ？　自分たちと同じように焦ったり不安になったりしないんだ？」と、理不尽な苛立ちを感じたりします。

劣等感を植え付けてくる人たち

私も、とある雑誌でお化粧についての取材を受けたとき、「雨宮さんってファンデーションなに使ってるんですか？」と訊かれ、使っているものの商品名を答えたところ「え？　1種類しか持ってないんですか!?　それで肌の質感とか変えたいときはどうしてるんですか？」と驚かれ、用意されていた春の新商品のファンデーションを試して「これがよさそうですね」とか言ってたら、「さっきから薄づきなのばっかり選んでますよね？　薄づきなほうが男にモテるとかまだ思ってるんですか？」と言われたり、「血色悪いからこの下地でもつけとけばいいんじゃないですか？（笑）」と言われたりして、「え、そんなに私、ダメなんだ！」とショックを受けて、思わず通りがかったお稲荷さんにお賽銭入れてなんか拝んでしまったことがありました。きつねでもいい、何かにすがりたかったんですよね……。

箱根8里さんの服飾系の面接の話を聞いて、思い出したのはそのときのことです。その分野について知識もなければ、技術もセンスもないんだからなにか言われるのはしょうがない。そんな場に出ていった自分が悪い。でも、ファンデーションを1種類しか持っていない自分のことは、別におかしいとも恥ずかしいとも思ってなかったんです。そんなに使うものじゃないし、自分の肌に合ったものだし、それでいいと思ってました。でも、「ああ、この場では私、こんなことをみんなに言われて笑われるほどイケてないんですね」と、劣等感の芽を無理やり植え付けられたような気持ちになりました。

その後、別の場で、美容ライターの友達が、大好きなコスメについて「こっちの下地はツヤが出るんだけど、そのツヤが光りすぎず上品でいい感じなんです。こっちのファンデーションはちょっとマットで、モードっぽいかっこいい肌に仕上がるから、そういう服に合わせたら素敵だと思うんです」と語っているのを聞いていたら、「ああ、そういうの楽しいなー。いくつか持って使い分けるって、やってみたいな。つけてみたいな」って素直に楽しい気持ちになったのですが、そのリハビリがなければ、化粧品に対して後ろ向きな気持ちをだいぶ引きずっていたと思います。

箱根8里さんに必要なのは、自分の醜さを認めることなんかではもちろんなくて、無理やり植え付けられそうになる劣等感の芽をすべてきれいにむしりとり、箱根8

里さんご自身もおわかりの通り、箱根8里さんを「最高だ」と、もうどこの世界のランク付けも関係ないくらい愛してくれる、友人や恋人や家族に囲まれることです。落ち込んでしまうのは仕方がないですが、本来こんなことは言われることじゃないし、落ち込む必要なんてないんだという基本は忘れないでください。人の容姿のことを面と向かってそんなふうに言うなんて、言う側の品性がもう、どうしようもないじゃないですか。心の中でこんなユーモア溢れる返しをしてあげているだけでも尊敬に値します。私だったら、周囲の友達に10回ずつ愚痴ったあとで、寝言でも罵倒すると思います。

心が折れそうになったら、この戦いは、あなただけのたった一人の戦いではなく、この世を少しでも自由な、呼吸のしやすい場所に変えてゆくための戦いなのだということを思い出してください。少なくとも、じゃがりこぐらい自由に食べられる世の中になってくれないと、「雪の宿」が大好物の私は生きていけません。

天性の自信を持っている、というのは、それだけで素晴らしい才能なんです。多くの人が「自信」という、どうやったら手に入れられるかわからないものを手に入れるために、もがき、足掻(あが)き、よくわからない方向に突っ走ったりしています。私もその一人です。

与えられた才能を、大事にしてください。

人は、自分に与えられた才能を活かすことでしか、本当には生きられないと、私は最近思っています。才能ってそんな特別なものじゃなくて、本人にとっては普通の当たり前のもので、でもそれを折ろうとする外圧に負けたら、消えてなくなることもあるんです。外圧に負けないで、自分にしか生きられない、いい女の人生を手に入れてください。

美人を使いこなせない

［マロンクリーム／30代前半］

私の愚痴は、いつも似たパターンでコミュニティを追い出される自分の性格についてです。パターンは10年くらい前からわかっているし、対処法もうすうす気づいてはいるのですが、それを実行できません。

例を挙げろと言われたら、中学生くらいからたくさんありますが、一番わかりやすいのは昨年、正社員として勤めていた会社を辞めることになった顛末でしょうか。私はもともとメンタルが強くなく、新卒で比較的有名な企業に入社したものの人間関係にへとへとでした。たまに死にたくなり、SNSで「死にたいです」と書き込んでは、誰かに慰めてもらう……。そんな恥ずかしいことをよくしていました。

人間関係のストレスは好きなミュージシャンの追っかけで発散していましたが、深夜のライブもあって夜更かしして会社に行くので、会社でうとうとしてしまうことも多々ありました。それでもなんとか続けていられたのは、とにかく上司が寛大だったから。そもそもその会社に勤められたのも、大学の担当教授に超気に入られ、その口利きありきでした。やりたい仕事ではまったくありませんでしたが、地方の女子大から東京に出られるというメリットにつられて決めたところがあります。

ここまで書けばもうおわかりだと思いますが、SNSで「死にたい」と書いて叩かれないのも、会社で寝ていて許されるのも、コネ入社ができたのも、私が美人だからです。その上お調子者で、ちょっと媚びたり甘えるのもうまい、らしいです（自覚はありませんがよく言われます）。ですが、この「美人」という要素は、コミュニティに入るときは有利に働きますが、それ以降はまったく役に立ちません。というか、私は「美人」を使いこなせません。

会社の話に戻りますが、結局その寛大な上司（既婚）と飲みながら人生相談を頻繁にするようになり、ちょっといいなと思い始めた頃奥様にメールを読まれ、不倫を疑われました。別にやましいところはないのですが、相手を喜ばせたい気持ちで書いたメールの文面は読みようによっては不倫、というかほぼ不倫確定な感じに読めてしまい、またこれまでの素行もよくなかったので社内に味方は誰もおらず、退社することになってしまいました。

そのことを教授に報告したら（先生のリクエストで毎年バレンタインチョコを送っていましたから、住所はわかりました）、「それは仕方ないですね」とあっさりとしたもの。また、ミュージシャンの追っかけ仲間も、それまではとても親しくしていたのに、女友達からは「前から距離のとり方が苦手だった」と言われ、男友達には「彼女がいやがるから一切連絡しないでほしい」と言われ、次々縁を切られました。

まとめると、美人で愛想がいいということでちやほやされ、調子に乗り、周りがうんざりしていることに気づかず、しばらくして誰からも相手にされなくなる。私はこれを延々繰り返しています。「凛としろ」と言われてもどうしたらいいかわからないし、「手に職を」と言われて資格を集めてみたりしましたが、メンタルが弱いとどんな仕事も立ちゆきません。

今は細々と派遣の仕事をしています。彼氏がいたこともありましたが、やはり同じパターンで嫌われ、チャンスはあっても今は恋愛に積極的になれません。

自慢のように聞こえたらどうしよう、と思いながら書いています。自分が自己中心的でわがままなのも自覚しています。でも真剣に困っているし、実際全然幸せじゃないし、むしろまったく望んでいないのに嫌われ者だし、批判されずに愚痴を言いたかった。読んでくださってありがとうございました。

欲望で寄ってこない人を大切にしてください

昨日今日、急にしんどい状況がきた、というわけではなくて、長いこと苦しまれているようですね。心の不調で体調を崩す方もいらっしゃいますから、しょうが湯でも飲んでまずは温まってくださいね。やけどしないように気をつけてくださいね。

マロンクリームさんの書かれていることで、気になった箇所は「教授に報告したら（先生のリクエストで毎年バレンタインチョコを送っていましたから、住所はわかりました）、『それは仕方ないですね』とあっさりとしたもの。」というところです。なぜ教授は、おそらくそれまではマロンクリームさんに好意的だったのに、あっさりした態度を取られたのでしょうか。

私は「バレンタインにチョコを送ってほしい」というリクエストに、何の下心もなかったとは言えないと思います。マロンクリームさんと具体的に付き合いたいという気持ちではなくても、マロンクリームさんのような素敵な女性にチョコを送ってもらえるような関係であることや、チョコを送ってくれる程度の好意はある、ということが嬉しかったのだと思います。それが上司との不倫騒動で退職に追い込まれたとなると、同情よりも先に「他の男とそういう疑いを持たれるくらい親しくしていたのか」という怒りが先にきたのではないでしょうか。

私はこの教授の怒りが正しくて、マロンクリームさんが間違っている、とは思いませんが、どちらが正しいという問題でもないな、と思います。

この「どちらが正しいともいえない」ときに、なにをどう選択するか、ということが大事なのです。

例えば誰かに好意を寄せられて、でも、込み入った関係にはなりたくない場合どうするか？という質問に、「正しい答え」はありません。人によっては「傷が深くならないうちに、期待させないよう拒む」が正解でしょうし、「好かれているのは迷惑じゃないのだから、嬉しさを表現する。そのうち好きになることもあるかもしれないし」も正解でしょう。でも、この「正解」が、相手の思う正解と違った場合、人の怒りを買います。

マロンクリームさんが人に嫌われてしまうのは、たぶん、流されるままに「コミュニティの中でもめないために多くの人が実行している正解」とは違う「正解」の基準で行動されているからではないでしょうか。

けれど、私はマロンクリームさんに「そのコミュニティの中での正解を学んで、それに従え」と言う気持ちにはなれません。それは「空気を読め」ということと同じですし、嫌われにくくはなるかもしれませんが、自分の基準を持てず、嫌われることにビクビクするだけで余計に苦しいような気がします。

上司との関係の場合、たぶん初期に上司の好意を拒むようなことをしていれば、マロンクリームさんが会社で居眠りしていることはもっと早く咎められていたでしょうし、拒まなければ親しくなる機会はいずれにせよ来たのではないかと思います。

どちらに進んでも何らかのマイナスはある。どうするのが正解だったかという答えはないし、「そもそも好意なんか持たれたくなかった」と思っても、持たれてしまうものはしょうがない。周囲の人から見れば「愛想よくしなければいいのに」ということなのでしょうが、私がもともと愛想よくないのに「愛想よくしろ」と言われるのが苦痛であるように、愛想がもともといい人が「その愛想をひっこめろ」と言われるのも、同じように苦痛でしょう。

大事なのは、「嫌われないようにすること」ではなく、「人の好意を大切にすること」だと思います。下心からくる好意や、マロンクリームさんが美人だから得られる好意ではなく、マロンクリームさんのことを思ってくれている人たちの好意です。「凛としろ」とか、「資格を取れ」とか言ってくれた人たちが望んでいることは「マロンクリームさんの精神や生活の安定」です。それは「自立しろ」というメッセージでもあります。

安定できないのはよくわかります。精神的に追いつめられているときは他人を思いやる余裕がなくなりますし、その状態を抜けると憑き物が落ちたようにケロッと元気になってしまうこともあるので、自分が死を考えるところまで追いつめられていたことが、体感として薄れていってしまう。

「もう大丈夫」としか説明できないのですが、一晩中心配していた側からすると「もう大丈夫」では納得できないものがあるでしょう。「ありがとう。心配かけてごめんね」という感謝や謝罪がないと、心配したのがばからしく感じられます。

感謝や謝罪ができないことに対しては「メンタルが弱いから」は理由になりません。私もこれで何度か大事な人間関係を台無しにしてきました。学習すればいいのに、うまくできません。自分にとって「甘える」というのは弱音を吐くことですが、甘えて弱音を吐きっぱなしだと、相手側には心配し続ける心の負担をかけることになります。どうしてもきついときは吐き出してもいいと思いますが、心配してもらったことへのフォローができなければ、親しい人、恋人を作ることはできません。

人間関係を作る、ということ

もちろん、何度でも新しい人と出会えるし、新しい人と新しい関係を作っていけます。でも、同じことを繰り返していたら「自分はいい人間関係が作れるのだ」という自信は、ずっと持てないままです。

他人に嫌われることを恐れなくてもいいし、嫌われることを回避するために自分の行動を規制するのは、ばかばかしいことです。ただ、人の好意にもっと敏感になってください。「嫌われる」と書かれていますが、最初は好かれているのですよね。好意に甘える前に、自分を責める前に、大事に思われていること、大事に思われていた過去があったことを感じてください。

「美人で愛想がいいということでちやほやされ、調子にのり」という部分は、マロンクリームさんの美点です。人を楽しい気持ちにさせることができる人なのでしょう。マロンクリームさんはそこが欠点であるかのように書かれていますが、欠点と美点って表裏一体なんですよね。個性でもある。誰もが自分の個性と、それゆえの欠点を併せ持っています。好意が簡単に得られるがゆえに、好意に対して傲慢になってしまうというのが、マロンクリームさんの欠点なのでしょう。

何もかも失ってしまう前に、人とちゃんと関係が作っていけるという自信を得てほしいのです。職場の人との関係でもいいし、友達関係でもいい。ネットの人間関係でもいいです。ほっとするようなやりとりができ、一方的に寄りかからない関係を作れたら、そのとき初めて自分のことを許せるのではないでしょうか。同じことを繰り返す自分にうんざりする日々を、終わらせることができるのではないでしょうか。

「パターンは10年くらい前からわかっているし、対処法もうすうす気づいてはいる」、その聡明さを活かしてください。大切にすべき好意と、そうでない好意を見分け、「わからないときに、利害関係のない相手にアドバイスを求める」という甘え方をしてみてください。

好意は、対処次第で深い愛情に変わることもあるし、憎悪や嫌悪に変わることもある、ある意味やっかいな感情です。好きだった分、がっかりさせられたり、裏切られたと感じると「嫌い」に変わるのです。

好意の領域で何が正しいのか判断するのはとても難しいですが、判断に迷ったとき、自分なりの「正しさ」とは何なのか、考えてみてください。それが、周りの人たちの言う「凛とする」ことなのだと私は思います。

「私はこう思うから、こうする」という意見を、マロンクリームさん自身の口から聞きたい、それがどんなものであっても、本人の意見であれば尊重したい、そういう気持ちを、周囲の人は持っているのでしょう。そんなマロンクリームさんは、十分に愛され、尊重されていると思います。

つらさが常態化しているとき、建設的な方向にものごとを考えるのは、もっとも
つらいことです。死を思うほうがよっぽど楽です。

でも、建設的に考えることをどうか恐れないでください。どんなに深く愛されて
いても、最終的に自分を救う者は自分だけです。破滅的な気持ちになったとき、一
度でいいから失うものの少ない道を、勇気を出して選んでみてください。

おばさんとして生きていくことを受け入れられない

［タイガーバーム／42歳］

雨宮さん、こんにちは。私の愚痴を書きます。

私は42歳、未婚です。今年に入ってから、恐るべきスピードで老化が進んでいっ

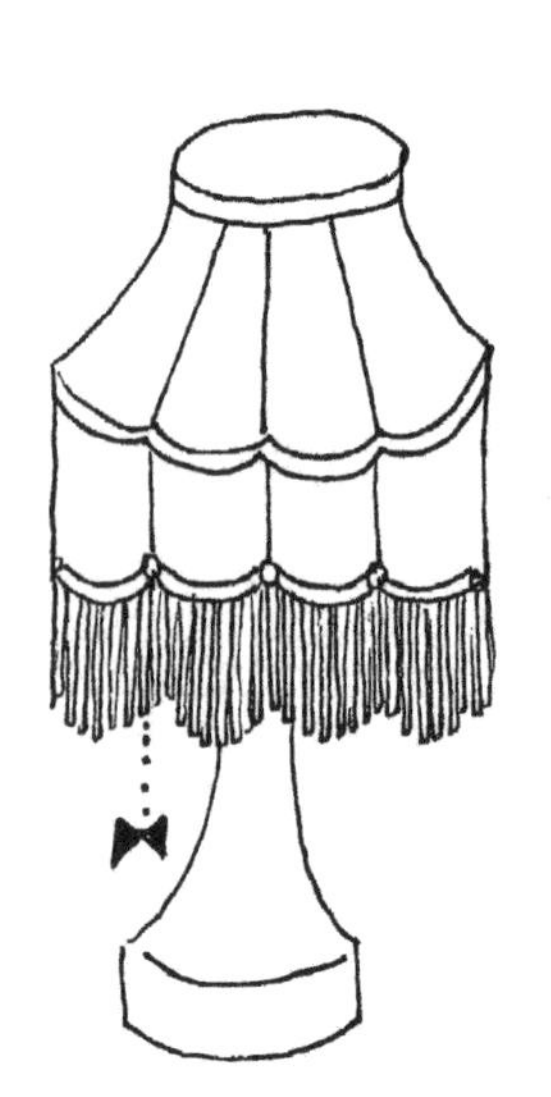

ています。胸が垂れるとそれにつられて顔も垂れるようで、そうするともう止めようもなく、一気に老けていきました……。

今まではノーメイクでも、男性の視線がこちらに向かってくるのを感じていましたが、今はもうまったく感じません。私はその事実を受け止めるのがどうしてもつらいのです。

40代後半、50代になっても男性に見られることなんてありえないのだから、来るべきときが来たのだ……と自分に言い聞かせても、どうしても足掻(あが)きたい気持ちがなくなりません。

あまりに急な自分の外見の変化も、今まで当然のように感じてきた（42で言うのもあれですけど）若さが失われていくことも、少しばかり誇りに思っていた、男性からの視線がなくなったことも、これからはおばさんとして生きなくてはいけないのだということも（未婚で彼もいないのに……）、受け入れたほうが楽だし、いつか受け入れなければならないことだとわかっていても、受け入れられないのです。

私は30代後半になった頃から、年齢と容姿のバランスが取れたのか、わりと容姿を褒められることが増えました。それまで、女性としてあまり自信がない状態だったのに、そのおかげで少し自信を持てるようになったのですが、その途端にこんな状態に陥ってしまいました。「お前、いいトシでなに言ってんだ」と言われそうなことだとわかってはいるのですが。

同年代の友人にもさすがにこんな話はできず、ここに吐き出してみました。とりあえずこうやって書けただけでも、ちょっと楽になったかもしれません。

おばさんにならない生き方もあります

はい、加湿器フルでかけて！ コールドプレスジュース持ってきて！ 蛍光灯全部外して白熱灯にしてちょっと光量落として！ 真上から照らす系はダメ！ あと地下鉄の窓ガラスに映る自分を見たら死ぬから絶対見ちゃダメ！ 呪われますよ！

まず、どうして「おばさん」になること、「いいトシ」であることを受け入れなくてはならないのでしょうか。答えは一つですよね。「みっともない人になりたくない」。いつまでも若作りしてるとか、美人のつもりで気取ってるとか、若い子とはりあって見苦しいとか、そういうことを言われたくないし、痛いおばさんになりたくない。ただでさえ自信をなくしているのに、さらに人からなにか言われてダメージを負いたくないですよね。

「いつかは男性に振り向かれなくなる」。私はそのことを、かなり前から恐れていたように思います。10代、20代前半の頃はそもそも振り向かれることがなかったので、「このまま誰にも振り向かれないまま死んでいくのでは」という恐怖があり、少しは振り向かれるようになってからは「30歳を過ぎたらこんなこともなくなるのでは?」などと考えては、「今のうちに謳歌しておかないと、あとで『あのときもっとチヤホヤされておけばよかった』と後悔するんじゃないか」と思ったりしていました。

相手のことが好きとか嫌いとかの問題では、まったくなかったです。ただ、自分がまだ恋愛やセックスの市場で通用するのかを怯えながら確かめていただけで、自分を査定に出していただけでした。自信がつくと、自分なりに装うことやメイクが楽しくなる部分もあったのに、「もしかしてこういうの、男受け悪いんじゃない?」とときどき怯えた気持ちになっては、化粧品のカウンターに駆け込み「顔色がよく見えて無難なピンクベージュのグロスください!」と叫び出す始末でした。これ、今年の話ですね……。ピンクベージュ、好きな色でもなければ、似合う色でもないのに。

ただ、加齢ということと、モテということは、近いけれどそれなりに違うことでもあります。佐野洋子さんのエッセイに、老人ばかりの集まりなのに一人だけめちゃくちゃモテている女がいる、という話が出てきます。彼女は真っ赤なワンピースとか着ていて、彼女が集まりにやってくると、男たちが「俺が送る」「いや俺が送る」とささやかな争いを繰り広げるのだそうです。

あと、私は仕事柄、熟女と呼ばれるAVの女優さんに取材することも多いのですが、「なんで私とたいして年齢が変わらないのに、こんなに色気があるわけ?」と神様の胸ぐらをつかんでゆさぶりたくなるときがあります。すごい可愛いとか、美人だとか、胸が大きいとか、それらの要素もプロのAV女優さんですからもちろんあるんですけど、そこじゃないんですよね。雰囲気なんです。話しているとき、インタビュー中なのに「ああ、もう訊かなきゃいけないことを訊くのをやめて、ただこの人とのんびりした時間を過ごしたい……」って思っちゃうことがあるんです。

そんな例を挙げられても難易度高けーわ、と思われるかもしれませんが、異性に関しては、特に諦める必要はないと思うんです。年齢だけで区切るには、世の中特例が多すぎるんです。

自分の若さが失われていくこと、なにもしなくてもピチピチしていた肌が変わっていくこと、気づけば1年に1キロずつ体重が増量していくことなどは、確かにテンションが下がることです。でも、落ち込むのは、純粋にその部分だけでいいと思うんですよね。

「女」は死ぬまで終わらない

「女を捨てる」「女として終わってる」。私の嫌いな言葉です。女に生まれて、女であるがゆえのいやな目にも遭いました。でも、女に生まれたからには、死ぬまで女なんです。途中で終わったり、捨てたりできるものではないんです。

もちろんここでタイガーバームさんがおっしゃる「女」が、「性的に、もしくは恋愛の対象として見られる女」という意味であることはわかっていますし、人に評価されないと自信が持てない気持ちもよくわかりますが、誰からもなにも言われないうちからこんなに落ち込まなくてもいいと思うし、誰かからなにか言われたとしても、そんなものに落ち込んでいたら、そういう些細なことの積み重ねで、びっくりするくらい自分の人生って台無しにされてしまいますよ。

こういうときに「フランスでは〜」とか言っちゃう行為は「フランス逃げ」とか言われますけど、私は「北欧逃げ」として、北欧ミステリをお勧めします。『ミレニアム』を筆頭に、刑事マルティン・ベックシリーズの『笑う警官』（70年代の作品なのに、シリーズ全体で結婚観、育児観、恋愛観がまったく日本と違っていて驚かされます）、『特捜部Q』、『湿地』、『犯罪心理捜査官セバスチャン』……。さまざまな名作がありますが、年齢のいった男女が当たり前に恋愛もセックスもしているし、そうした中で女である苦しみに苛（さいな）まれる女も出てきます。

北欧ではそうでも、日本ではそうじゃない。そうかもしれません。でも、人は生きていくために、自分を支えてくれる価値観を探し、見つけるべきだと私は思います。なにかを盲信するのではなく、自分の中で練り上げて、作り上げていくべきなのだと。そのために、なんでもいいから違う価値観に触れてみてください。

私は39歳で、今年40歳です。タイガーバームさんと、そんなに変わらない年齢です。ごちゃごちゃ言われることも多いし、こういう仕事をしていると、外見だけでなく内面までめたくそに言われたりします。私は、そういうことで自分の人生を台無しにされたくないし、タイガーバームさんにも、自分の人生を他人からの評価で台無しにしてほしくないのです。さぁ、マドンナでも聞いて、元気を出してくださいね。

「私は私よ」って、どうしたら思えるんでしょう？

見た目についての話は、正直、得意分野です。一通り経験していますから。でも、その経験の多くは「罵倒」です。「ブスのくせに」「若いだけでチヤホヤされてる」「美人のくせに」「ババアが嫉妬してる」……。これらの種類のまったく違う罵倒を受けると、人はどうなるかというと、開き直るんですよ！　自分の見た目に対して。

誰もがそうなれるわけじゃないかもしれませんし、私自身もこれらの言葉を浴びせられて、心が折れなかったわけではありません。それらの見た目の評価は、恋愛と結びついた意味で発されることもあれば、仕事と結びついた意味で発されることもありました。恋愛と結びついていれば傷つくし悲しいし、仕事と結びつけられた日には「なんで見た目で仕事のことまで判断されなきゃいけないんだよ！」と悔しさで泣いた日も３６５日を軽く超えてます。

そんな経験は、本当は誰にもしてほしくないですが、実際にこうして、見た目のことで苦しんでいる人はたくさんいるわけですよね。ここに愚痴を吐きに来てくれた人は氷山の一角で、多くの女性が大なり小なりこの問題で苦しんでいる。どうしたら、この苦しみから逃れられるのでしょうか。

苦しんでたどり着くのはいつも、「見た目のことでなにか言われることからは逃れられない」という、絶望的な答えでした。確かにたぶん、本当にそうだとは思うんです。でも、だったら、ずっと、どんな見た目になってもなにか言われることから逃れられないとしたら、自分はどうなりたいのか、どうありたいのか、それを考えて実行するしかない、と私は思うようになりました。そうすれば、少なくとも「自分は自分のなりたい自分になっている」という自信や満足だけはついてくると思ったんです。

実際、そんなふうに生きている人って、パッとわかるんです。雰囲気というか、空気で。で、そういう人たちがどういう空気をまとっているかというと、「自由」なんです。「ああ、これが『誰になにを言われても、私は私』っていう状態なんだなぁ」と、そういう人に会うたびに思います。いきなり100%そうなれなくてもいいけど、10%や20%はそうなれないものかと思うんです。

そうなるための努力って、しょぼいですよ。自分に似合う髪型はなんなのか、どういう服が似合うのか、どういう感じの人になりたいのか、試行錯誤の繰り返しで失敗もいっぱいします。冷たいジェルを塗られてレーザーバリバリ当てられて脱毛したりとか……そういう地味なことばっかです。しかも、1箇所「ここがダメだった！」と気づくと、芋づる式にもっとダメなところにいっぱい気づいたりして激しく落ち込んだりもします。

でも、そういうしょぼい試行錯誤を繰り返していると、多少のことでは動じなくなってくるし、失敗したときも「こうしたらちょっとはいい感じになるかも」って、対処法がわかってきたりもします。いろんな髪型や服やメイクを試してるうちに、そういうものに臆する気持ちもどんどんなくなっていきます。美容院で普通に女優さんの画像を見せながら「こういう髪型にしたいんです」とか言えるようになってくるし、向こうも「なるほど、わかりました！」と近づける努力をしてくれたりします。

別に美しさや可愛さをみんなが目指さなくてもよくて、ただ自分に快適な服を着ていたい、ラクな状態でいたいって人もいますよね。それに対してごちゃごちゃ言ってくる人の言葉を聞くのも、地味にこたえることのひとつです。

でも、だんだん対処法がわかってくると、自分の服装や、多少の老いや肌の衰えは、まぁ怖いもんではあるけどそこそこなんとかいい感じに生きていけるだろ、って自信もついてきたりするもんです。自分の見た目について、自分がよく知って、どうすればよく見えるか、自分らしくいられるかという基礎をやってみると、それ以降は多少の冒険をしても大失敗は減るし、「自分に自信がつく」というよりも、「自分が自分をそこそこなんとかできることに自信がつく」んです。

そうなると、誰になにを言われても、まったくこたえないことはないですけど「でも、私、自分史上で今わりといい感じだから」って思えるんです。なにか言われたときのダメージはあっても、自分で自分がいい感じだと思えれば、その楽しさのほうがダメージを上回るし、人生全体で考えても、その楽しさや自己肯定感のほうが絶対に大事です。自分がそうであれば、周りの人もその「自由な空気」に感化されて、気が楽になっていく、いい連鎖が生まれると思うんですよね。

第4章　私の生き方、間違ってますか？

ナルシストで武士道な女

［あこ／30代前半］

私は武士道な女です。常に「〜するべし」「〜であるべき」という自分の指針に基づいて行動しています。

他人にはなるべく誠実に接すること
自分の責任を果たすこと
目的地に向かって努力をすること
自分の誤りを認めること

これらの誓約は、自分の美意識に沿うことなので、マイナスには捉えていませんし、別に他人に価値観を押しつける気持ちもありません（宗教の違いのようなものだと思っています）。若干ナルシスト気味であることも自覚しています。そう、私は「自分はスゴイ」と思っています。

しかし、周りからはなにかと距離を置かれがちになるのが寂しいです。私は、自分のことが基本的に大好きです。バカなところも、無骨なところも。しかし、自分一人だけよければＯＫではありません。私は元気、皆も元気な状態が好きなのです。「自分を認めてほしい」とは思っていますが、「自分をあがめ、称えてほしい」とは思っていません。ムカつく相手をコテンパンにしてもスッキリしません。時代劇は好きですが、水戸黄門よりも鬼平犯科帳や御家人斬九郎のほうが好きです。

また、努力することも好きです。中学時代はソフトボール部に所属していましたが、私の基本設定は当時のままです。目の前の白球を無心で追いかけています。仕事への姿勢についても、生き方についても、あるべき理想に向かって努力し続けています。そしてもちろん、それなりの結果も出しています（なぜなら、努力しているから！　そして、批判に耳を傾け、未知の領域にも勇気を出して一歩踏み出しているからです）。現在は派遣として働いていますが、一つの分野の運営を任されています。上司や関係者から信頼を得ていることは、私の誉れです。

私が頑張れば頑張るほど、私の能力や人柄を認めてくれる人も増えますが、同時に遠巻きに見る人も増えます。周囲の人からは「ついていけない」と思われています。私の行動がパワフルで暑苦しいのでしょう。

また、「この人は強いからＯＫ」と勝手な期待を持たれたり、逆に反発されたりします。

私の家族がそうでした。私は母子家庭＆祖父と同居でしたが、２つ上の兄は「生意気だ」と反発し、母は期待し、祖父は甘えてきました。私は家族のお世話係で、母の「依り代（よりしろ）」で、祖父の「母」でした。その不健全な関係に耐えられず、現在は家族とは距離を置いています。結局そうなるのです。私は頑張ることが好きですが、結果的に対人関係が不健全になります。

人は弱い生き物です。強いものに守られたい、頼りたい、庇護されたい気持ちは解ります。また驚くべきことに、周囲に対して体裁を作っている強者（つわもの）男性ほど、私に母性を見出して甘えてくるのです。私の中に母性はありますが、母性を利用されることには気持ち悪さを感じます。

「武士道とは、死ぬことと見つけたり」が頭から離れません。気持ち悪さに耐え、背負うべきを背負い、私の役目を完結させなければならないと思います。

自分で勝手に定めた「お役目」ではあるのですが、誇りに思うと同時に、お役目から逃れたくも思います。私は疲れています。早く終わってしまいたいです。

人は、正しさが好きですが、その一方で正しさを恐れるものです

武士道な方には、なにをお出しすればよいのでしょうね……。私が茶道をたしなんでいれば武士の方にもふさわしいものをお出しできたのに、残念です。抹茶ラテあたりで手を打ってもらいましょうか。

あこさんの愚痴からは、なんだか人間社会の縮図が見えてくるようで、少し不思議な気持ちになります。人というものは、大きな世界の小さな歯車でありながら、このように世界を俯瞰して見るようなことができるのだなと思いますし、個人の体験が結果的に全体の仕組みを映し出していることもあるのだなとも思います。

私がそのように感じる場所は、大きく分けて2箇所です。「自分が正しいと思うことをしていると、自分は満足だが、人は必ずしもついてきてくれない」というところ、そして「そんな自分を誇りに思うと同時に、頼られてしまって疲れて逃れたい、早く終わってしまいたいと思う」というところです。

人は、正しさが好きですが、その一方で正しさを恐れます。すべてが正しいままに生きている人はほとんどいないからでしょうか。私は、特に法律を犯すようなことはしていないのですが、パトロール中の警察官とすれ違うと、なんとなく「怪しく見えないような歩き方をしなければ……」と思って、ギクシャクしてしまいます。あこさんは「暑苦しく見えるから、人が離れていくのだろう」と推測されていますが、あこさんの正しさを見ている人は、あこさんがその正しさの基準を他人に押しつける気がなくても、その「正しさに断罪される恐怖」みたいなものを勝手に感じているのです。

　正しい人、努力している人、そういう人は大勢の人に尊敬されますよね。有名な人のドキュメンタリーや評伝で人気があるのは、努力の物語です。みんなそういう話が好きなのに、実際にそういう人が身近にいると、自分のダメさと比べてしまって逆ギレのようにそういう人を憎んだり、比べて自分が落ち込むからとそういう人を避けたりします。最初から自分と違う人の努力の物語、生きてきた時代や世界が違う立派な人の物語は受け入れられても、身近な人の立派な物語は怖いんです。なぜ怖いのか、それは「努力すれば自分にもできるかもしれない」からです。

「努力すれば自分にもできるかもしれない」というのは、通常、希望であり可能性ですよね。でも、それが重荷になる人がいます。「努力すれば自分にもできるかもしれないのに、それをしない自分は怠け者だ」と思ってしまう人がいるのです。例えば「うちの会社、給料安いんだよなー」とこぼしたときに「え？　なんで転職しないの？」と言われたらどうでしょうか。「そうか、転職という道を選んでもいいんだ」とハッとする人もいると思います。でも、「もうなにをする気力もないほど疲れてるのに、これ以上疲れることをしなきゃいけないのか」と、ぐったりする人もいるのです。正論を受け入れる下地がないくらい疲れている人もいます。

もちろん、あこさんがそうした周りの人たちに合わせて行動する必要はありませんが、書いていただいた状況を読む限り、あこさんは、周囲の人からあまり正しく理解されていないように感じます。理想に向かって努力しているだけで、もともと理想の通りに生まれついたわけではないこと、あこさんの「正しい姿」は、そうあるべきだという気持ちからきているものであって、その姿を保っているのは決して楽なことでも、自然なことでもないのだということを、誰も理解していないようにお見受けします。あこさんのことを周りの人たちは「自分たちとは違う人種」だと思いたいのでしょうし、そう思わなければ怖いのでしょう。

自分の「正しさ」が、自分自身を追いつめている

あこさんにとっては、その「理想に近づいている自分の姿」を崩してしまうのは、とても怖いことでしょう。私があこさんの立場であれば、それはこれまでの努力がすべて台無しになってしまうようなことだと感じます。だからできない、理想を保ったまま生きられないのなら死を選ぶしかないのだと、あこさんの理想や正しさが、

あこさんの中の弱い自分を追いつめている。そのように感じます。あこさんと周りの人たちは「弱さ」という共通項でつながれるし、理解し合えるかもしれないのに、「正しさ」や「強くあろうとする姿勢」がその妨げになっている。

私は、あこさんが間違っているとは思いません。けれど、あこさんの「正しさ」に照らし合わせて、自分が弱いからといって他人に寄りかかる人間は、「正しい」ですか？　あこさんは、「弱いから頼りたくなる気持ちはわかる」と理解しようとしていますが、弱い側は、強くあろうとするあこさんの気持ちを理解しようとしてくれているのでしょうか。あこさんが強い人間としての役目を引き受けたいと思うのは立派なことですが、それではあこさんの「弱さ」は、誰が引き受けてくれるのですか？　あこさんだけが我慢をしなければいけないのですか？　そして、あこさんにその我慢を強いているのは、誰でしょうか？　周囲であり、あこさん自身の「正しさ」ではないでしょうか？

「気持ち悪さに耐え、背負うべきを背負い、私の役目を完結させなければならない」って、気持ち悪さになんか耐える必要ないです。あこさんに気持ち悪い思いを強いてくる人が、「正しい」わけがないじゃないですか。

自分自身の追求する正しさを他人に強いてはいけない、弱い者を背負えるなら背負うべきだ、という気持ちは、たぶん少しは理解できます。あこさんの「正しさ」が、あこさん自身を追いつめ傷つけている。そのことも、間違っているとは思わない。自分とそのように格闘する人生もあります。けれど、あこさんを守る人は、あこさんしかいない。

私は、生きることよりも正しいことなんてこの世にないと思っています。私は自死も、自死を思う弱さも否定しませんが、生きているということが、もっともタフで強いことだと思います。だから、はっきり言いますね。あこさんは、かっこいいけど、かっこ悪いと思います。ナルシストであることも、努力家であることも、強くあろうとしていることも、なんにも悪くないし間違ってません。ただ、気持ち悪いことを拒んではいけないと思うこと、背負うのが重いことを拒んではいけないと思うことは、間違ってると私は思います。

「お役目」から逃げてもいい

正直なところ、やせ我慢の「お役目」でそれらのことを背負い込んで、早く終わってしまいたいと思うことに、私は覚えがあります。ＡＶについて書いていたときの自分がそうでした。あこさんほど立派ではありませんでしたが、私はＡＶのよさを広く伝えたいと思っていたし、それが自分の役目だと勝手に思っていました。誰に押しつける気も、誇示する気もないつもりでいたけど、認めてほしいという気持ちがだだ漏れていたんでしょうね。うっとうしがられ、嫌われ、馬鹿にされました。

女性だから差別されたと感じる部分もありましたが、個人の資質の部分が嫌われていたと感じる部分もありました。心を許せる友達は作れませんでした。弱味は噂話のネタにされ、疑心暗鬼になりました。生きているのがつらかったし虚しかったし、なぜ頑張っているのにこんな思いをするんだろう、と思っていました。そして、誇りを踏みにじられたとき、私は誇りを捨てて敗走しました。

たかがＡＶにおおげさだと思うでしょう？　間抜けですよね。でも私には大事なことだったんです。さっき、あこさんに「かっこ悪い」なんて言ってしまいましたけど、私こそがかっこ悪かったんだし、もっともっと恩知らずだったし最低だったんですよ。自虐ではなく、私を知っている人ならそれが事実だと誰もが知っています。自分が逃げたから、逃げることが正しいんだとか、それでよかったんだとか言う気はありませんし、ＡＶについて、今も整理できていない部分があります。ただひとつ言えることは、そんな出来事がなければ、私は自分の人生を、他人にどう思われるかではなく、自分がどう感じるかを主体にして捉え直すことはできなかっただろうということです。

強いと思われなくていい、かっこいいと思われなくていい、立派な人だと思われなくていい。一度は確かにそう思ったのに、そう思い続けることは今でもとても難しいです。立派な人だと言われたくて、この文章を書いています。自分のために生きればいいんだと思うけれど、人から感謝されることは気持ちがいいし、そういうものを求めてしまいます。私の人生はかっこつけようとする自分と、かっこ悪い自分をさらけ出すことの戦いで、シリアスなものと間抜けなものが入り交じった、少々わかりづらくて滑稽なものなんだな、と最近は思っています。

自分の弱さを知るのは、人としての幅を拡げるチャンス

自分は弱くて、かっこつけているのに十分な強さを伴わない人間であるということを知るのは、つらいけれど素晴らしいことです。あこさんは今、すごく大事な、

そしていちばんつらい局面に立っておられます。凡庸な言葉ですが、「夜明け前がいちばん暗い」という言葉がありますよね。どうか信じてほしいのですが、今がそのときです。あこさんのいちばんチャーミングな部分は「水戸黄門よりも鬼平犯科帳や御家人斬九郎のほうが好きです」というような発言をポロッとされているところで、今が「水戸黄門よりも鬼平犯科帳や御家人斬九郎」になるチャンスなのです。自分の美意識や価値観を超えたところにある他人を知り、自分の矛盾を知り、どのようにそれらと折り合いをつけてゆくのかを知るときがきているのだと思います。

美意識を引き裂かれるのがどんな痛みを伴うものか、私にも少しはわかります。美意識や理想が縦の糸だとすると、矛盾や他人といった自分でコントロールできない要素は横の糸です。縦の糸だけだと簡単にブチブチ断ち切れてしまうものを、横の糸を織り込んで強い布にしていくときが今です。何らかの力で、誰かの力で美意識を引き裂かれるようなことがあっても、そのことはあこさんの努力も、魅力も、本質的な力も、なにひとつ奪うことはできません。どうか体に気をつけて、誰かのためではなくご自分のためにこの局面を乗り切ってください。

私という存在をなかったことにしてほしい

［橘／20代前半］

私は引きこもりです。そしてニートです。中学生の時に不登校になり、なんとか卒業し、心療内科に通い、アルバイトを始めましたが1カ月で辞めてしまいました。それから5年、ほとんど家から出られなくなりました。２０１３年は2日間しか家

から出ていません。今年に入ってからも、元旦以来外に出ていません。

自分以外の他者が怖いのです。私は醜いです。外見が怠慢の塊です。自分以外の他人と対話するときも、道をすれ違う赤の他人も、なにを考えてるのかわからなくて、自分が酷いことを言って傷つけてしまわないか、言われて傷ついてしまうんじゃないか、相手にどう思われているのか、怖くてしょうがないです。

今は自分でやらなくてはいけないことも両親や兄弟がやってくれています。インターフォンや家の電話も出られません。ずっとこのままではいられないのはわかっています。大きな震災があっても、親が自己破産しても、事故に遭っても、ペットが病気になっても、働きたくても、人と関わるのが怖い。自意識過剰なのは、百も承知です。

テレビで、災害や事故で人が亡くなり、その家族や友人が泣いていたりするのを見ると、私の命をあげられたらいいと思います。私がいなくなるべきだと。明らかに病的な外見なのに無駄に健康な体や、図太い神経がなぜ私なんかに与えられてしまったのか。同級生が親になったとか、母校に教育実習に行っているとか、留学経験を生かした仕事に就くらしいとか聞いても、自分の人生を歩み始めている我が子をその親は誇らしく思っているだろうなと思うだけです。

観たい映画や舞台、やってみたい仕事もあるし、旅行にも行きたいです。でも、それ以上に怖い。欲が出るたびに自分のダメさを再確認します。逃げてばかりの人生だと思います。自分に向き合うことがつらいです。子どものように泣いて、この文章を書いている間も、ＰＣの横にティッシュの山が存在感を増していっています。でもきっとすぐ立ち直ります。なぜこの図太さを他の部分に持っていけないのか。現状を打開するためのアドバイスも、ダメ人間、親不孝者と罵られることも、誰になにを言われても「そうですね」と思います。

外見ばかりじゃなく内面がそもそもダメなんです。逆ギレじゃなく、本心で「そうですね」と思うんです。言い訳もなにもありません、すべて事実だから。

誰の目にも触れず、そのまま消えてしまいたいです。私という存在を、なかったことにしてほしい。家族がどうとか友達がどうとか、もうそんなことすら煩わしいほど、私はこの世界からできるだけ早くいなくなりたいです。

それはそれで「普通」だと思います

外に出るのが怖い方に、インターネット上でこうしてお話をしに来ていただけるとは、なんとよい時代になったことでしょう。外に出られないということは、ヘーゼルナッツシロップの入ったカフェラテとか、そういうカフェっぽいものをお飲みになる機会も少ないかもしれないですね。なかなかおいしいものですので、甘いものがお嫌いでなければどうぞ。シロップが底にたまりやすいので、よく混ぜて飲んでくださいね。そして熱いおしぼりをまぶたにあてて、少し落ち着いてください。

程度の差がだいぶありますので、引き合いに出して「わかりますよ」という顔をするのもどうかと思うのですが、私にも橘さんのような時期が人生の中で何度かありました。今はフリーで仕事をしていますので、2日や3日、1週間や2週間、外に出られないとか人と会えないとかいう状態でも、基本的には自宅にこもっていられますから、なんとかだましだましやれています。コンビニにしか行かず、一日中ネットを観ているだけだった時期も数年ありました。

たくさんの人が毎日同じ時間にきちんと会社に出社し、働いて、帰って、家のこともして……という生活を送っておられるのは、本当にすごいことだなぁ、と私も思います。そういう生活が平気だったり、自分に合っている、という人もいれば、「きついけど、食べていくために必死でやってるんだよ!」「やるしかないからやってるだけで、自分だって向いてるわけじゃない!」という人もいるでしょう。だから、簡単に「私にはできない」と言うことはできませんが、今でも私は数日続けて外出する予定があると、体調が悪くなります。知らず知らずのうちに緊張しているのか、首から背中まで痛いくらい凝りますし、消化器系が全体的に不調になります。「家の電話に出られない」とのことですが、私も出られませんので家の電話はもう捨ててしまいましたし、携帯も基本的に出ません。チケットを取っていた舞台やライブの当日に、外に出られずチケットを無駄にしたことも数えきれないほどあります。友人との予定をキャンセルさせてもらうことも多いです。行きたい美術展、映画、時間があっても、それらを全部観られたことはありません。
こんな風ですから、私の世界では「外に出たくない」「消えたい」という気持ちは「普通」です。私の世界では、橘さんの感じておられることは全然おかしいことではないし、異常でも、すごくダメなことでもありません。私は人が怖いですし、未来が怖いですし、消えてしまいたくなるのは当たり前のことだと思っています。日常的に感じる気持ちです。みんな、生きているだけで偉いと思います。

自分の欠点から「逃げてはいけない」のではない

橘さんのお言葉からは「こうしなければ」というプレッシャーが、痛いほど伝わってきます。普通に働かなければ、親に迷惑をかけない子どもにならなければ、人に不快感を与えない外見にならなければ、そして、外に出なければ……。橘さんは「欲が出るたびに自分のダメさを再確認します」と書かれていますが、そのことから私は橘さんが「いやなことから逃げていてはいけない」「いやなことを克服できなければ、好きなことをする資格はない」「好きなことをする前に、やらなくてはならないことが他にたくさんある」と考えておられるのではないか、と想像いたします。

「自分と向き合う」という言葉は、よく使われる言葉ですが、橘さんはご自分の姿をすでにかなり正確に把握しておられると思います。把握しているがゆえに「努力をしていない」自分を責め、さらに、責めながらなにもしないで泣いている自分の醜さを恥じていらっしゃる。これ以上、向き合ってどうなるのでしょう？ 自分と向き合うあまり、自分の姿を罪のように背負ってしまい、身動きが取れなくなってしまっているように見えます。

欲望が人を救ってくれる

苦しいことから逃げないことよりも、今の橘さんに大事なことは、楽しそうなことから逃げないことではないでしょうか。

人を生につなぎとめるものが「欲」です。橘さんを世界とつないでくれる鍵が「欲」です。欲は、生きるエネルギーみたいなものです。橘さんのおっしゃる「欲」は、私にとっては「夢や希望」です。劇場に通うこと、旅行に行くこと、そういう些細な楽しさの積み重ねの上にしか、私は希望を見出すことができません。人によってなにを求めるかは違うでしょうが、誰がそれを贅沢と呼ぼうが、甘えていると呼ぼうが、「もっと他にすべきことがあるんじゃないのか」と言おうが、自分にとって快いものを知っているということは、生きる方法を知っているのと同じことなんです。欲が見せてくれる新たな地平を見つめているときだけ、人は自分の姿を見つめることから逃れられます。

それぐらい、自分を見つめてばかりいるのは、誰にとってもたぶんつらいことなんですよ。自分にできることなんかたかが知れてますから、そんなことを毎日思い知っていたら、生きていかれないです。

橘さんが「人が怖い」とおっしゃるのは、人が自分を見つめる視線の中に、自分を見てしまうからではないでしょうか。客観性がすごく強く、だからこそ橘さんはこんなにわかりやすい文章が書けるのでしょう。客観性の強い人は、しばしばその客観のほうを信じ、自分が望んでいることを見失いがちです。自分が望んでいないのに、「しなければならない」「できなければならない」と思うことに非常に強く縛られることが多いです。誰に見られても恥ずかしくない自分になること、自分の食べる分は自分で稼ぐ「まともな人間」になることが、世の中では正しいことだと思われていますよね。でも、それは言い換えれば「人に迷惑をかけるなよ」という強いプレッシャーに過ぎません。このプレッシャーは、私が知る限り、年々強くなっているようです。

「正しい」って、なんでしょうね。私は自分なんかより、はるかに才能があって努力していて、なにより「生きたい」と望んでいた作家さんが亡くなったとき、自分よりあの人が先に死ぬ世の中は間違ってる、と思いました。自分が一生の間に書くであろう文章よりも、その人の書いた文章のほうが価値があると今でも思っています。命をあげたくても、あげることはできませんでした。世の中は正しくありません。正しくないんですから、安心して間違えてください。

私は、この間違っている世の中が自分に与えてくる、死にたくなるほどのプレッシャーに負けて死ぬのだけはいやなんです。生きたいと積極的に思っていないのに生かされているだけでも苦痛なのに、「まともにできない」というだけで死にたいと思わされて、死に追い込まれるのはいやなんですよ。私の考えていることは、おかしいでしょうか。歪んでいて、ねじ曲がっているでしょうか。

そう思う一方で、生きていてよかったと思うこともあるんです。めちゃくちゃですよね。自分が今、どのような考えのもとに、どのような位置にいるかなんて実はあまり重要じゃなくて、正しいか間違っているかなんてことすら重要じゃなくて、「生きている」という事実だけがすべてなんじゃないかと思うこともあります。楽しいこともつらいことも、フラッシュライトが点いたり消えたりするときに明暗が通り過ぎていくようなもので、その瞬間ごとに見えている世界がまるで違うような感じなのかなと思うんです。めちゃくちゃだけど、そんなもんなのかなという気もするんです。

橘さんは今年は元旦に外出されたのですね。ご家族のみなさんと初詣に行かれたのでしょうか。もしも外に出られることがあったり、ご家族の方に頼みごとができるなら、そして未見であれば、アルフォンソ・キュアロン監督の『トゥモロー・ワールド』と、『ゼロ・グラビティ』という映画を観てみてください。

私は、橘さんがこのような状況の中で、一度も「死にたい」とお書きにならなかったところを尊敬します。その言葉を避けてお気持ちを書かれたことが、どんな理由にせよ尊いことだと思います。客観的に考えて書かなかったにせよ、主観的に考えて気持ちにフィットしなかったから書かなかったにせよ、それはまぎれもない橘さんの「判断」です。どちらにしてもとても理性的ですし、知的です。

どうか、この世界からいなくなる前に、楽しいことをしてください。何かに夢中になって、自分のことや周りのことを見つめるのを忘れる瞬間を味わってください。生きている限り晒される比較の視線から、心底逃れられる時間の中に浸ってみてください。もっとちゃんと逃げてください。逃れてほっとできる場所にたどり着かなければ、冷静に考えられないこともあります。

図太くて健康だと書かれていますが、それは生きることに向いている要素です。望んでいるかどうかに関わらずこうした要素を与えられて、同時に人が怖いという生きづらい要素も与えられる、めちゃくちゃな人生をどういうふうにするか、逃げた先で改めて考えてみてください。

底辺生活から抜け出せない私

［ぶぶぶ／20代後半］

私のもやもやは、学生時代から社会人の現在までずっとスクールカーストの底辺のような暮らしから抜け出せないことと、そのための努力ができないこと、そのくせ自己顕示欲は人一倍あることです。

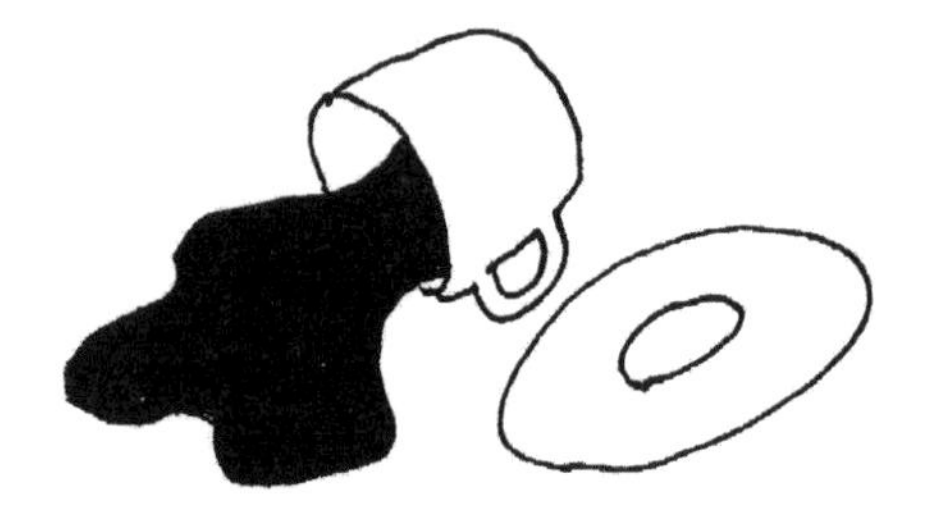

自分は小さい頃からかなりの肥満で差別されてきました。普通だったら、痩せてきれいになろうと努力するのでしょうが、私は自分の姿を見ることができず、きれいになること、女性らしくなることにすごく抵抗がありました。今ではその抵抗感はだいぶおさまってきましたが、同年代の女性と比べ、センスもなくもっさいです。

つらかったのに、見た目をまともにする努力はできませんでした。性格は内向的になる一方で、学生時代は良好な友人関係を築くのが難しかったです。できても、その友人もなかなか話してくれなかったり、クラスの中ではいつも蚊帳（かや）の外の状態でした。

唯一、絵を描いたりする趣味がありました。そのため受験時は美術大学を受けましたが、地方出身、経済的事情のため予備校に通えず（普通だったらこの時点でやばいと気づくはずですが、あまりにもコミュニケーションが取れなかったため情報を得ることができませんでした）、まったく的外れの努力をしてしまい、試験には歯が立たず、進学を断念。進路が決められないまま実家から通う就職の道を選びました。卒業した高校でこのような最悪のケースになったのは私だけです。

普通科の高校だったので、フリーターをしながら簡単な資格を取ってやっと就けた仕事は３Ｋの作業所でした。仕事はまったく好きではなく、1年くらいで会社がつぶれたので、職歴も積めませんでした。そして、とろい私に苛立っていたのか、最後の出社日、同僚に「殺す」と言われてしまいました。

その後無職のときがあったり、正社員になっても相変わらず３Ｋで続かなかったり、数回卵巣や子宮の手術をしたりして、今はパートです。

パートは定時に帰ることができるので、小物作りの趣味ができました。作った小物を休みの日に雑貨市に売りに行ったりして、少し楽しみが増えましたが、今度はまた見た目のコンプレックスやディスプレイセンスのなさに、すごく悩むようになりました。幼少から今までの自分磨きがうまくできていないため、ダサいものを作っているのではないか?と心配になるのです。

展示会の売り上げはまったくダメというわけではないですが、地方のため交通費が馬鹿にならず、経費を考えると赤字です。また、収入が少ないためパートの掛け持ちをしなければならなくなり、また元のきつい生活になってしまいました。変に自己顕示欲が強く、人から認められたい思いが強いため、そんなに得意ではない趣味にしがみついている状態です。

わずかながら貯金があるため、上京してもっと展示会に参加しようと思っているのですが、また受験のときの壮大な勘違いと同じことになってなにもつかめず終わってしまうのではないかと思うと怖いです。

また一人暮らしをしても、見た目の差別で今よりも苦しい生活になるのではなかろうか、でも井の中の蛙になるのもいやだともやもやしたり、過去のいやなことが交錯したりします。学生時代からの底辺生活はうんざりです。

大人になって友人はできましたが、自分と同じような内向的な方が多いため、優しいのはありがたいのですが、正直、一緒にいてもあまり楽しくないです（行動力がなさすぎるのと、精神的に元気がない人が多いため）。もちろん異性関係は今まであありません。

もうすぐ30歳なのに人生が進まず、ずっとずっとずっともやもやしています。

誰かに相談すると、「そんなの自分が悪い」「努力不足」「結婚したらいい」なんて言われます。重々承知です、でも前に進めません。結婚は考えていません。変に自己顕示欲が強いので、こんなにへっぽこなのに自分にはまだ可能性があるのじゃないかとうっすら考えている自分にイライラします。

読みにくい文章ですみませんでした。思いの丈をぶつけてみました。読んでくださってありがとうございます。

すごくまっとうな方向の努力をされていると思います

春ですね。桜茶をお出しいたしましょう。見た目も美しいお茶ですね。甘いものがちょっと胃に重いようなときは、ほんの少しの塩気のほうが体に優しく感じたりしますよね。

ぶぶぶさんのもやもやは、いくつかのもやもやが絡み合い、三つ編みのようにきっちり編み込まれて1本になっているようです。劣等感があること、学校でも会社でもカーストの下に見られること、そして自己顕示欲を満たせないでいること。その3つが絡み合って「人生が進まない」という大きな1本のもやもやになっている気がします。

その大きな1本のもやもやの負の部分は「人生が進まない」なんですけど、同時に「人生を進めたい、今のままの自分じゃいやだ、変わりたい」という大きなエネルギーになっている、というのも感じます。

自信というものについて、私も長いこと考え続けていますが、それはやっぱり、自分が認められているとか、愛されているとか実感できる場所で育まれるものではないかと思うんですよね。だから、自然に得られる人は自然に自信があるし、自信がない人に「自信持ちなよ!」と言っても、それじゃダメだというか……。「殺す」なんて、ネットで見知らぬ人に言われるだけでもそこそこダメージがあるのに、リアルで知人に言われて、自信を失わないほうがおかしいですよ。それで、なんとかして自分を認めたくて趣味をやって、なにがいけないんでしょうか。はっきり言ってなにも悪くないですし、誰にも迷惑をかけていない。すごくまっとうな方向の努力をされていると思います。

「負の感情」をエネルギーに変える

不安や焦り、劣等感というのは、私は世間で思われているほど、悪いものだとは思わないんですよね。もちろん、それらが人の心を苦しめるものだというのは身に沁みてわかっていますが、そこから生まれてくる向上心もあると思うんです。ただ、この劣等感が強いと、自分が劣っているのでは、浮いているのでは、下に見られているのではということばかり気になって、楽しいはずの場所でも楽しめない、ということがよく起こります。ぶぶぶさんがこれまで過ごしてこられた学校生活、社会人生活がこのようなものだったとしたら、それは相当ストレスがあったことでしょう。そして今、趣味の世界でも、同じストレスを感じそうになっているのですよね。

思いきって行動してもなかなか変わらない、なにもつかめない、虚しいから諦めたいけどこのまま終わるのもいやだ……という気持ちが、よく伝わってきます。「学生時代からの底辺生活はうんざりです」という一言が、ずっしり重いです。

どういう行動をすれば人生が変わるのか、このまま趣味に賭けていいのか、そういうことに答えることはできません。人生でどの選択が正解なのか、誰にもわからないからです。

ただ、上京されるとしたら、「ここでなにかをつかまなければ終わってしまう」という切迫した気持ちでは、また人の視線が気になって、自分の悪いところばかり目について、つらい気持ちだけが残ってしまうのでは?と心配しています。どういったものを作られているかわかりませんが、東京には箱単位で場所を貸して個人の制作物を販売するスペースがけっこうあります。繊細なものを作る人もいれば、ダイナミックなものを作る人もいます。そういうものを見ていると「わー、こんなにいろんな人がいるんだ! 私は私でいいんだ!」と前向きな気持ちになれるんじゃないでしょうか。でも、逆に「こんなにいろんな人が自信を持って個性を打ち出しているのに、私は人の顔色ばかりうかがっていて、そもそも、ものを作るのなんて向いてないんだ……」と思ってしまう可能性もある。なにかをつかむとかつかまないとかいう前に、上京自体がつらい思い出になってしまう可能性もあるんです。

私が思うのは、ぶぶぶさんとは逆のことです。もっと努力をしなきゃいけないんじゃなくて、もっとラクをしたほうがいいんじゃないか、ということです。こんなに自分に厳しく、つらくあたらなくてもいいんじゃないかと思うんですよね。自分に優しくしてくれる人、自分を認めてくれる人と会ったり、自分の作品を喜んでくれる人の声を聞いたり、自分がしていて楽しいと思えることをして、自分を見つめることからほんの少しの間でも逃れて、心を休ませることのほうが、大事なんじゃないかと思うんです。

上京すること、一人暮らしをすること、美しくなる努力をすること、どれもすごく前向きな考えですよね。そしてどれも、少し勇気が要ることだと思います。もし、「やってみたけど、なにも変わらなかったなぁ、失敗だったかもしれない」とお思いになったときに、あまり落ち込んでほしくないのです。上京や一人暮らしをすること、美しく見せる工夫をすること自体が、新鮮で面白くて、失敗はあっても「やってよかったな」と思えるものであってほしいんですよね。

私にとって長い間、変化は苦痛でしたし、今でもおしゃれな人しかいない空間や、美しい人しかいない空間、センスのいい人しかいない空間に行って、人と自分を比べて激しく落ち込みます。でも、「もっとちゃんとしなきゃ！」と急き立てられるようにしてする努力は、ちっとも楽しくありません。なにを買ってもなにをしても満たされないし、なんにも変わってないように思えて、もっともっと頑張らなきゃ、と思ってしまう。でも知識もなければセンスもないし、なにより自分自身がこんなだからダメなんだと考えてしまいます。そして、そんな気持ちにしかなれないのに、お金や時間をつぎこんだ自分の馬鹿さにますます落ち込むのです。変わろうと思っても、それが失敗に終わる不安ばかりが追いかけてきます。

どうしたら自分を責めずにいられる？

きれいになれば、自信を持てれば、そんな気持ちになることはなくなるのでしょうか？　私は、ずっとあると思うんです。どんなにきれいになっても、それよりきれいな人しかいない空間は必ずあります。自分より才能がある人、実力がある人、頭のいい人、センスのいい人……いくらでもいます。私は、そういう人と接するたびに落ち込む自分がいやでしょうがなかったです。そんな素敵な人と出会えて嬉しいと純粋に思えないこと、学ぶべきことや取り入れられることがたくさんあるのに、つらい気持ちでいっぱいになって、大事なものが見えないこと、素敵な人のことを素直に好きになれないことが、とてもつらかったです。

周りにどう思われるかとびくびくしている状態でなにかを楽しむなんて、無理です。なにか大きなきっかけがあって変われれば、その不安が消えてなくなって急に楽しくなる、というわけではなくて、私は「楽しめた」という体験をまずすることが大事だと思います。「自分は楽しむことができない人間なのだ」という思い込みをやめることができれば、失敗しても「今日はちょっと緊張しちゃったな」「自分らしくいられなかったな」と思う程度で済ませられます。

楽しめと言われても、楽しくないから愚痴言ってるのにさぁ……って思いますよね。ですよねー。ただ、ぶぶぶさんが今、自分のマイナス面として捉えられている「これまでスクールカーストで下位に位置づけられてきた」ことや、「自己顕示欲が強い」ことは、別に背負っていかなければならない罪でもなんでもないし、そんなことをうしろめたく思う必要なんてないです。背負わなくていいんです。その荷物、もう下ろしてください。自己顕示欲が強いことの、なにがいけないのですか？ 誰だって褒められたいし、認められたいものではないでしょうか。スクールカーストで下にいたことがなんでしょうか。上にいて誰かをいじめていたことのほうが、ずっと恥ずかしいことではないですか。

誰もぶぶぶさんを悪いと責めていません。「殺すぞ」なんて、言うほうが悪い。自分で自分を責めるのをやめてください。やめられないなら、ときどき自分ではなく、別のものに興味を持って没頭して、一瞬自分のことを忘れて、心を休めてください。小説を読むのでも、映画を観るのでも、趣味に集中するのでもなんでもいいです。

自分って、見つめても見つめてもなかなか答えが出ないものなんですよね。そして自分を見つめていると、「自分のどこかが悪いからこうなったんだ」と自分にばかり原因を探してしまう。まったく自分を責めずになんでも周りのせいにする人もそれはそれでどうかと思いますけど、自分に原因を探すと、欠点のない人なんていないわけで、必ず悪いところをクローズアップで見るはめになってしまうんです。そんなことに正気で耐えて生きていける人がそんなに多いとは、私は思いません。

なにかをすることではなく、自分を責めるのをやめることが、大事なことではないかと思います。なにも禁じられていないし、ぶぶぶさんのしようとしていることで、間違っていることも悪いこともないですよ。安心してなにかやってみてください。「やってみる」ことよりも、「安心して」やることが大事なんだと、なんとなく覚えていてもらえると嬉しいです。心の底から楽しいな、と思えるとき、人は自分がどう見られるかなんて忘れています。そんな瞬間が訪れるよう、祈っています。

母にとって私は恥ずかしい娘

［こる／20代後半］

私の両親は、私が中学に上がる頃、離婚しました。以来、母と3姉妹の４人で暮らしています。

母は、結婚して離婚するまでずっと専業主婦だったため、とにかくお金がなく、なんとか高校まではいかせてもらえましたが、高2のときの三者面談で私が進学を希望したところ、帰り道の車の中で「進学費用なんて出せない」とはっきり言われました。

今考えればバイトしてお金を貯めたり、奨学金について調べればよかったのでしょうが、私は母にそう言われたとき「ああこれは働けってことか」となんとなく察して進学をきっぱり諦め、高卒で就職しました。

底辺レベルの高校でしたが、私自身の成績はそれなりによかったため、運よく希望していた事務の仕事につくことができ、7年たった今も同じ会社で働かせていただいています。仕事は大変ですが上司や先輩に恵まれ、職場に対する不満はほとんどありません。ありがたいことです。

先日、母がいつも母方の祖母宅で行われる親族の集まりに行きたくない、と言い出しました。祖母と母はこのところ折り合いが悪く、仕方ないかなあと思いましたが、行きたくない理由について聞くと、「弟たちの子どもはみんな成績優秀。立派に進学している。弟たちもいい家を持っている。そんなところに行ったら劣等感でつらい」と。つまり母にとって私たちは従兄弟（いとこ）たちに劣る、恥ずかしい子どもだということです。

母のその一言で、なんだかわかりませんが私の中でなにかがぽっきりと折れてしまいました。

私なりに、母を支えてきたつもりでした。自分の仕事も頑張ってきたし、帰宅すれば母の職場の愚痴をたくさん聞きました。自慢の娘、まではいかないまでも、それなりに評価してくれてるかなあと思っていたのです。

それなのに、恥ずかしいんだって。

お母さんは私が恥ずかしいんだって。

いっぱい頑張ったのに、いっぱい頑張ったのに。

両親揃って明日食べるものの心配もなく塾にも部活にも行かせてもらえる、頭のいい従兄弟のほうがいい子なんだって。

できちゃった結婚して仕事やめる同僚の娘さんのほうがいい子なんだって。なんなんだろう？？？？　私の人生なんなんだろう？？？？

お給料半分以上家に入れてるのに？　残業してへろへろになって帰ってきてもいっぱい愚痴聞いてるのに？　しんどくて泣きたくても家に帰ったら笑ってなきゃって頑張ってるのに？　好きなことして勝手に機嫌悪くして体調悪くしてる妹のほうが心配されるのはなんで？　褒められるのはなんで？　私が自分勝手でわがままだって怒られるのはなんで？

こんなことを考えてしまう自分がいやでいやで仕方ありません。顔もブスなのに性格まで歪んでるなんてもう最悪です。役満級で最低です。

自分だって好き勝手生きているのだから、母にこれくらいの扱いをされても仕方ないんです。彼氏なんてできたこともないしこれからできるはずもないし結婚なんて不可能です。子どもなんて夢のまた夢。母に孫の顔も見せてあげられない親不孝者なんだから当然です。

それでも、生きていて楽しいな、と思うこともけっこうあるのです。新しい漫画やゲームに出会えたとき。友達と遊んでいるとき。おいしいご飯を食べているとき。

職場の飲み会でお酒を飲むとき。

でもそうやって楽しいことの陰に、つらいことがたくさん潜んでいる。母に言われたことがその筆頭です。そのつらいことが耐えられなくて、早く死にたいなあと最近よく思います。

生きている以上つらいことからは逃れられない。死ぬしかない。でもそれなりに楽しいから今すぐはちょっとなあと思うので、10年というリミットを自分で決めました。最近。

10年経つ間にいろんなことが好転しているかもしれないし、悪化しているかもしれない。好転していればリミットをまた10年のばして、悪化していたらそのときは潔く死のう、と思うと少し楽になりました。

その考え自体甘いし、馬鹿丸出しなんですけど。

世の中には私より困難な目にあっても強く生きている人が山ほどいるでしょうから、こんなこと大声では言えませんが、私は私なりにつらいのです。人生ってつらいことだらけだなあガハハ。

あなたを大事にしてくれない親より身近な人に、そして自分に愛を注いでください

ありますよねぇ、家族との関係で悩むことって。すごい虐待だとか、暴力でもない限り「よくあることだよ」と言われちゃったりしますけど、それでも家族のことって、どうしてこんなにこたえるんでしょう。はい、とろろ昆布とわかめと海苔で簡単なお吸い物作ってお出ししますね。こういうのが沁みるときもありますよね。

こるさんのお母さんは、こるさんに進学を望まず、進学しない結果として、こるさんは最良と言える結果を手に入れているのにもかかわらず（職場に対する不満がほとんどないなんて！　素晴らしい職場なのか、こるさんがすごく仕事ができるい い人なのか、どっちかだと思います。しかも勤続7年！　たいしたものです）、なんか、それじゃあ物足りない！　もっと出世してる子もうらやましいし、出産する

子もうらやましい！ と、むちゃくちゃなことを言っている印象です。

これっていわゆる「子ども自慢・孫自慢」の世界の話なのではないでしょうか。こるさんのお母さんが、本当にどう思っているかはともかく、わかりやすいスペックで子どもを自慢し合う会の中では、「頭がよくていい学校に行ってる」とか「もうすぐ子どもを産む（すでに産んだ）」人たちが持ち上げられやすいですよね。特に女の場合、どんないいところに進学しようが就職しようが、「孫を産んでくれない子どもは親不孝」みたいなの、ありますからね。私も田舎では、とてもここには書けないレベルのことを親戚に言われています。本を出していることなんて、まったく何の自慢にもなりません。実家の近くに住んで、親に顔を見せて、「きちんとした仕事（公務員とか）」に就いて親に仕送りして、20代後半ぐらいで結婚して子ども産んで孫の顔を見せてやる子どもだけが「いい子ども」みたいな世界です。

「親子は特別」なことが悪いほうに働くとき

親子の間って、これまでは愛情の深さばかりがクローズアップされてきましたし、そこにはなにものにも代え難い絆がある、ということになっていましたが、私はこの思い込みこそが、諸悪の根源なのではないかと思います。「親子の間は特別なんだ」という思いが、特別な甘えを許容し合う関係を作ってゆくのではないかと思うんです。だって、子どもに対して「就職してお金は入れろ。大学にはいかせられない。でも自慢できる子どもでいてほしい」なんて、無理難題もいいところの甘えでしょう？　しかももう20代後半の立派な大人の人生なんて、親の人生とは切り離されてしかるべきなのに、まだそんなことを言ってるなんて。私だったら、高卒でちゃんと就職して、7年勤めて、会社に不満もなくうまく働いてる娘がいたら、ホッとします。いい子に育ったなぁ、と思うし、そのいい子がいい環境に恵まれてよかったなぁ、と思います。彼氏がいなくても、結婚してなくても、「この子のよさをちゃんとわかってくれる男と付き合ってほしいなぁ。変な男にひっかかって、傷つけられたりしてほしくないなぁ」と思います。こるさんは、客観的に見て、そういう人です。十分すぎるほど素晴らしい人です。

成長過程で子どもは、人としてありえないレベルの甘えを親にふっかけますし、理屈の通用しないわがままを全力で通そうとします。子ども側からすると「記憶にございません！」で済ませたいところですが、そうもいかないですよね……。そのせいで、お互いにちょっと普通の人間関係ではありえない要求を親子の間では通そうとしてしまう、というのがあるのかもしれません。

でも、ある程度育ってくると、たとえ親子で一緒に暮らしていても違う価値観を持ったり、まったく別の性格の人間同士になったりするんだ、ということもお互いに受け入れなければ、関係はおかしくなっちゃうと思うんです。

こういう小さなひずみは、表面化していないだけですごくたくさんあると思います。「絶縁するほど酷い親ではないけれど、なんか合わない」「実家に帰るのが苦痛」「父か母、どちらかとどうも衝突してしまう」「頼りない親が依存的で困る」などなど、大きな実害がないから取り立てて人には言わないものの、「積極的に会いたいわけじゃない」程度の複雑な気持ちは、ある人も多いんじゃないでしょうか。

私は、親のことが嫌いではありませんが、ずっと複雑な気持ちはやっぱり持っています。愛情はありますし、育ててもらったことへの感謝の気持ちもあります。でも、友達や恋人と違って自分で選び取った関係ではありませんから、「家族というのは、別に気が合って一緒にいるわけじゃないんだな」ということに最近気づいて、不思議な気持ちになりました。「嫌いじゃないけど、家族と長時間一緒にいるのはしんどい、一人の時間が欲しい」ということを、本当はずっと感じていたのに、それを「思ってはならないこと」のように感じていたのです。

家を借りるときには保証人の欄に名前を書いてもらって、頼りにするときだけ頼りにして、でも自分はなんにもしてあげてない、育ててもらった恩返しをしていない、という、私が一方的に甘えている関係だから、そんなことを思ってはいけない、感謝すべきなんだ、と思う気持ちもあるような気がします。

そんな「気が合うから一緒にいるというわけではない他人」が家族の面白さだとも思いますが、そんな関係なのだから、無理して仲良くしようとか、無理してうまくいかせようとかしなくてもいいんじゃないか、と最近は思うのです。もちろん困っていれば助けたい。けど、それ以上、無理にでも仲良くしようとしたり、親の期待に応えようとしたりすると、自分の中にある親への愛情そのものが壊れてしまうような気がするのです。

親の期待に応えるための人生じゃない

親の望みを叶えてやれないことを悲しく思うときもあります。その一方で、はっきり「自分の人生は自分の人生だし」と思う気持ちもあります。でもその人生は、親に与えてもらった人生でもある。だから、揺れます。いったい、親のことを、家族のことを、どう思ったらいいんだろう?と思います。

最近は、それを「決めない」ことにしようと思っています。断絶するか、親の希望をべったり聞き入れるかの2択じゃなくて、「好きなところもあれば、苦手なところもある人」としてある程度は受け入れる。最低限これだけのことはする、という覚悟だけ決めておいて、なるべく波風立てないように、お互いにいい距離感でやっていけたらいいのかな、と。

こるさんが、どんなふうに自分の気持ちと親との関係に折り合いをつけていかれるのかわかりませんが、もう、お母さんの愛情を頼りにするのはやめたほうがいいのではないかと思います。

親の愛情って、大事な後ろ盾だったりしますが、お母さんはこるさんの自信を奪っていますよね。こるさんの性格がブスとかそういう問題じゃ全然ないです。そういう扱いを受けているから、自分がそういう人間だと思っているだけです。直接浴びせられるそうした言葉には、こるさんが思っている以上の力があるんです。こるさん程度の嫉妬や怒りなんて普通だし、むしろ性格がいいからこの程度で済んでいるのです。それは、どんな育てられ方をしても、こるさん自身が、まっすぐな人間であろうと努力してきた証だと思います。

楽しいこと、いっぱいあるじゃないですか。些細なことなんかじゃないです。一緒にいて楽しい友達がいること、飲み会が楽しいと思える職場にいること、どちらも得難いし、何物にも代え難い幸せです。そしてそれは、こるさんが自分の力で勝ち取ってきたものです。

こるさんを愛する、周りの人の評価を信じてください。親よりそっちを主軸にしてください。こるさん自身の人格や生き方を評価してくれる声に耳を傾けてください。こるさんは親の自慢のための道具じゃありません。「いい年して子どもしか自慢することねーのかよ！」って、私が代わりに言ってやりたいくらいです。

いやな圧力に負けて死ぬなんて悔しい死に方はしちゃダメ

親以外に、かけがえのない愛情が得られる方向があるとしたら、それは必ず、こるさんを愛し、受け入れてくれる人たちのいる方向にあります。今彼氏がいないとか、そんなのはたいした問題じゃありません。たとえお母さんがこるさんを誇りに思わなくても、こるさんを大事に思う人は、こるさんの周りの素敵な人たちのつながりの先にもっとたくさんいます。

おおげさなようですが、生きることに希望があるとしたら、私はそこにしかないと思うんですよね。自分を理解し、愛してくれる人がいて、自分が愛する人がいること。大きな愛情でなくても、小さな思いやりや、長く続く友情でもいい。それがどんなに大きな支えになってくれることか。リミットは10年とおっしゃいますが、その10年を、周りのみなさんと楽しく過ごしてください。死ぬ気なんかなくなるほど、絶望を希望で埋め尽くすほど楽しく過ごしてください。自分を打ちのめす言葉に負けて死ぬなんて、そんな悔しい死に方をしちゃダメですよ。

あと、親に恥ずかしい子だと言われたとしても、それがすべてだとは思わないでほしいのです。甘えのある関係では、こうした暴言がお互いに出てしまうことがあります。でも、それは本当に思っていることのすべてではなくて、もののはずみとか、うっかり言っただけのことで、本当はお母さんはこるさんに感謝しているとか、そういうこともあり得ると思います。どうしてもダメだと思えば、お母さんから離れるのもいいと思いますし、本当に酷いお母さんである可能性もあります。もののはずみだとしても絶対に許せない言葉もあるでしょう。けど、いつか、許せるときがくるのかもしれません。憎しみにも愛情にも、どちらにも執着しないのは難しいことですが、揺れる気持ちを、どうか揺れるまま、無理やりどちらかの方向に処分しないで、見守ってみてください。

お母さんのために頑張ってきた人生を、こるさんはこれから、こるさんのために頑張ってください。

column
やってらんない世の中で

生きていくのって基本的にめんどくさいですよね。

「生きていくのがつらい」という言葉を聞くと、私は「当然だよね」と思います。毎日毎日ご飯を食べなきゃお腹がすいて、そのご飯を食べるために毎日毎日仕事して、仕事するためにはちゃんとお風呂入って清潔にしてそれなりの服装で出かけて、礼儀は守って時間は守って納期も守って……こんなことを何十年もやらなきゃ生きていけないことになってるんですよ？　普通にきついじゃないですか。

自分は社会不適合者なんだろうなーという気持ちもありますが、それと同時に、今の社会ってガッチガチに厳しすぎるんじゃないかという気持ちもあります。もう少し休んでもいいんじゃないかと思うし、変なしがらみとかがなければ気楽だろうになと思ったりもします。そういうことが実現しないのは、私も会社員をほんの少しでしたが経験しているのでよくわかるのですが、なんかそういうつらさに耐え抜いた人間が偉くて出世できるルールのゲームみたいになってるのも、なんかなぁ……と思ったりします。

変な言い方ですが、「生きるのがつらい」と思ってしまう自分に罪悪感を感じることだけはやめてほしいなと思うんです。だって、つらいですもん。こんなろくでもない私だってつらいんですから、真面目にいろんなことを考えて生きてる他のみなさんはもっとつらいでしょう。「生きるのがつらい」「めんどくさい」はデフォルト。だからその上で、どうしたらそのつらさを軽くできるか、楽しいと思う気持ちを持てる瞬間を増やすことができるかを考えていくしかないのではないでしょうか。

「みんなと同じように」生きていくことなんて、そもそも不可能です。だから、みんなと同じようにできないなら、みんなと同じじゃない別の生き方を探したほうがいい。けど、不思議なことに、こういうときに真面目な人ほどハードな道を選ぼうとするんですよね。「自分はみんなよりダメなんだから、みんなより苦労しなくちゃいけない、頑張らなきゃいけない」っていう心理が強く働いているんだろうなと感じることがあります。

なにか夢や目標があって、そこまでの過程にしんどい道があるのなら、それは仕方ないかもしれませんが、自分にとってやりたい方向の道、自分に合っていて精神的にラクな道を選んでも全然いいんです。

やりたいことや目標が見つからない、という人もたくさんいますが、そんなものも見つかる人は一握りです。私も今の仕事をしようとはっきり思えたのって、25歳ぐらいで、そこから最初の本を出すまで10年ぐらいかかってます。その10年間、けっこうブレブレにブレてましたし、今だって「来年もライターやっていけるのかな……」って思ってます。そんなもんです。

どうして、生きていくことがこんなに重く、難しいことになってしまうのでしょう。ある程度の長生きをみんな想定しているから、というのもあると思います。もしも今だけの人生なら、したいことしかしないでしょう? 私は人生が明日までだと決まっていたら、いちばん好きな服を買って、いちばん好きな場所へ行って、いちばん好きな音で踊ります。

そして、別に人生が明日までだと言われたわけではなくても、そういうことをする日があります。今、これをしないで、何が生きてるってことなの?って思うようなときです。

ロングスパンで考えてしんどくなってしまうとき、短いスパンでそのときのいちばんの楽しみに溺れるのは、決して悪いことではないと思います。そこでスッと憑き物が落ちて、先のことを考えるのが気楽になったりすることもあるんです。「Last Night A DJ Saved My Life」という曲があります。マドンナがサンプリングした曲でもあります。私はたまにこのフレーズが、人生の真実だなと思うときがあります。人によっては「DJ」の部分が「映画」だったり、「本」だったり、「友達」だったりするかもしれません。

一時の快楽を甘く見ないこと。意味のあることだけをしようとしないこと。そういうことも、生き延びてゆくためにはときには大事なんじゃないかと思うのです。

あとがき　正しさで測れないグレーゾーンにあるのが「愚痴」

この本の中に収録されている「愚痴」の中には、例えば他の相談サイトに投稿すればすぐに「正しい」回答が返ってくるようなものもたくさんあります。「今すぐ離婚すべきです」とか、「そんな親とは絶縁しなさい」とか、「あなたの認識が歪んでいるんじゃないですか?」とか。

でも、「正しい」ことって、本当にそんなに「正しい」のかな?と私は思うんです。もちろん正しいことはあるんですけど、現実の個人の問題ってそれぞれ違うのに、そんなに同じ「正しさ」でさばいていけるものなのかなと思うし、正しさの刃でスッキリ切り捨てていくほうが気持ちいい解決法になるのはわかっていますが、だましだましやってるうちに状況がよくなったとか、様子を見ているうちに考え方が変わったりすることもあります。

「今すぐ逃げてー!」と思うような愚痴もありますが、この連載では、あまり「正しさ」にこだわらないようにしたい、という気持ちがありました。追い詰められている人が愚痴を吐きに来ているのに、「正しさ」はときに、そういう人をさらに追い詰めるのではないか、と思ったからです。何が正しいかなんて、だいたいみんなわかってて、でもどうにもならなかったり、どうにかするには多大な気力や犠牲が必要だったりして身動きが取れないというのが実情だったりするわけで、正しいことがなにかわかってないわけじゃないんです。

今の社会って……なんて大きな枠組みのことを語るのもおそれおおいのですが、善悪や正論が幅を利かせすぎていると思うんです。もちろん、善悪や正論が絶対に重視されなければいけない場はあります。でも、人間の心って善悪や、正しいことと正しくないことの間にあるものなんじゃないかと思うんです。

その間で揺れて、間違って、でも生きていくにはどこかで立ち直らなきゃいけない。自分の間違いや失敗を、忘れたりなかったことにしたりするのではなく、覚えていながら、もう繰り返さないと心に誓ったり、償えるものなら償おうとしたり、そういうことを考えるのが、誠実さというものではないでしょうか。

ずるくて、弱くて、間抜けで、人間ってそういうところが面白いのに、正論の世界ではそれらは全部悪いものになってしまいます。私はそういう世界を望みません。

正論と、正論じゃ片付けられないものの間を生きるのが人間というもので、だから苦しくて、面白いものなのに、そのグレーゾーンを切って捨てようとするなんて、馬鹿げてると思うんです。愚痴というのは、そのグレーゾーンにあるもののような気がしますし、人と人とのつながりというのもまた、そのグレーゾーンの中で生まれていくものだと思うのです。

どうか、愚痴ぐらい、批判されず自由にこぼせる世界であるように祈っています。

本書は、ウェブサイト「cocoloni PROLO」で連載中のコラム
「雨宮まみの“穴の底でお待ちしています”」(2014.2.10 〜)の
掲載記事のなかから抜粋し、加筆訂正したものです。

雨宮まみ　あまみや・まみ

ライター。女性性とうまく向き合えない生きづらさを書いた自伝的エッセイ『女子をこじらせて』（ポット出版）で書籍デビュー。以後、エッセイを中心に書評などカルチャー系の分野でも執筆。近著に『東京を生きる』（大和書房）、『自信のない部屋へようこそ』（ワニブックス）がある。

書籍DB●刊行情報
1 データ区分——0
2 ISBN——978-4-7808-0228-3
3 分類コード——0095
4 書名——まじめに生きるって損ですか?
5 書名ヨミ——マジメニイキルッテソンデスカ?
13 著者名1——雨宮　まみ
14 種類1——著
15 著者名1読み——アマミヤ　マミ
22 出版年月——201606
23 書店発売日——20160627
24 判型——46
25 ページ数——208
33 出版者——ポット出版
39 取引コード——3795

まじめに生きるって損ですか？

2016年6月27日　第一版第一刷　発行

著　雨宮まみ
編集　小嶋優子
カバー・ブックデザイン　小久保由美
イラスト　HELMETUNDERGROUND & RIKO
発行所　ポット出版
150-0001　東京都渋谷区神宮前2-33-18 #303
電話　03-3478-1774
ファックス　03-3402-5558
ウェブサイト　http://www.pot.co.jp/
電子メールアドレス　books@pot.co.jp
郵便振替口座 00110-7-21168　ポット出版

印刷・製本　シナノ印刷株式会社

ISBN 978-4-7808-0228-3 C0095　

Do Women Lose Out
When They Live True to Themselves?
by AMAMIYA Mami

Editor: KOJIMA Yuko
Designer: KOKUBO Yumi
Illustrator: HELMETUNDERGROUND & RIKO

First published in Tokyo, Japan, June. 27, 2016
by Pot Pub. Co., Ltd.
2-33-18-303 Jingumae, Shibuya-ku Tokyo, 150-0001 JAPAN
http://www.pot.co.jp
E-Mail: books@pot.co.jp
Postal transfer: 00110-7-21168
ISBN 978-4-7808-0228-3 C0095

本文　オペラホワイトマックス・四六・T・62kg(0.13)・1/1C
カバー　OKミューズガリバーマット・ハイホワイト・菊・Y・76.5kg・4/0C・マットニス
オビ　カバー共刷り
表紙　NTラシャ・スノーホワイト・四六・Y・210kg・1/0C[PANTONE 871]・グロスニス
使用書体　筑紫ゴシックPro　筑紫A丸ゴシックStd　本明朝新小がなPro　游ゴシックPr6　Lucida　Savoye　Adobe Caslon Pro
組版アプリケーション　IndesignCC2015
2016-0101-3.0

ポット出版・雨宮まみの本

女子をこじらせて

［著］雨宮まみ

定価／1,500円+税
ISBN978-4-7808-0172-9 C0095
四六判／252ページ／並製／2011年12月 刊行

「こじらせ女子」はこの書籍からはじまった!!
発売直後から、全国のこじらせ女子の共感が沸き起こった、
雨宮まみの処女作。
非モテ、劣等感、性欲、あまりある自意識……。
「女子」という生きづらさに真っ向から向き合う。
巻末に漫画家・久保ミツロウとの特別対談収録。
2015年幻冬舎にて文庫化。

雨宮まみ対談集

だって、女子だもん!!

［著］雨宮まみ、峰なゆか、湯山玲子、
能町みね子、小島慶子、おかざき真里

希望小売価格／1,300円+税
ISBN978-4-7808-0190-3 C0095
四六判／208ページ／並製／2012年11月刊行

「こじらせ女子たち」の幸せはどこにある?
雨宮まみが、5人の女性と「こじらせ女子」をとことん語り合う。
「ゲロブス」自意識からの旅立ち……峰なゆか
「女」を乗りこなせ！……湯山玲子
処女のままで死ねない……能町みね子
「女の先輩」の心意気……小島慶子
恋愛とは仕事である……おかざき真里